詳述**政治・経済**

教科書 政経 702
準拠

演習ノート

諸富　徹
宇野重規
愛敬浩二
鳥畑与一
森　裕之
野田昌吾
山崎圭一

文部科学省検定済教科書
7 実教 政経702
高等学校公民科用

詳述
政治・経済

実教出版

実教出版

もくじ

第1部　現代日本における政治・経済の諸課題

本書の使い方

❶　このノートは，実教出版の教科書『詳述政治・経済』(政経702)に準拠しています。

❷　教科書の1テーマを，2ページで編集しています。

❸　ノートの左ページは，主に教科書内容の学習ポイントを簡潔にまとめています。一部を空欄にしていますが，そこに入る語句などはすべて教科書に記載されているものです。教科書をよく読んで，書き込んでみましょう。[知識・技能]

❹　側注には，各テーマを学習するうえで是非覚えておきたい知識を補足しています。内容理解を深めるために，または空欄に入る語句を考えるときの参考としてください。

❺　正誤問題 ///// や Work などで知識や概念が身についているか確認してみましょう。[知識・技能]※[　]は関連する評価の観点を示しています。

第2部　グローバル化する国際社会の諸課題

本書の使い方

❻　探究学習ページでは，様々な思考ツールを用いて問題を可視化したり，自分の考えをまとめたりすることができます。[知識・技能] [思考力・判断力・表現力]

Check! 資料読解　[知識・技能]

・教科書のCheckに対応した図版や統計などを読み取ることで，課題を把握できる設問です。

Try !　◀ **exercise**　[思考力・判断力・表現力]

・教科書各節の学習内容を受けた問いで考察するTryやExerciseに対応した設問です。

章末問題　[知識・技能] [思考力・判断力・表現力]

・重要用語の確認や，大学入学共通テストの問題などで構成しています。これまで学んだ知識や概念を活用してチャレンジしてみましょう。

1　政治と法

教科書　p.6〜7

政治の意義

【政治とは何か】

- 〔①　　　　　　　〕…社会を運営していくための秩序を作り，必要な政策を決定するしくみ一般

　…すべての人々に共通する(公共的な)課題を解決するための活動

　⇔社会秩序の形成には，意見の異なる人々の対立を権力によって抑える作用（〔②　　　　　　〕）がともなう

〉〉〉【②】の3類型
「支配」は強制力だけでは成り立たない。**マックス＝ウェーバー**は，「支配」は被治者が権力に「正当性」を感じて受け入れることによって成り立つものであるとした。(→國p.6❶)

政治と国家

- 法…社会秩序を維持するためにつくられる公的なルール

　〔③　　　　　　　〕…人間の本性に根ざし，時代をこえて保障されるべき普遍的な法

　→人の定める法(実定法)は〔③〕に違反することはできない

- 国家…一定の〔④　　　　　　〕を基盤に，そこに住む人々(〔⑤　　　　　　〕)の上に，〔⑥　　　　　　　〕の作用で社会秩序を作る公的な団体

> 〔④〕内で最高の支配力と正統性をもち，対外的には独立性をもった権力

- 〔⑦　　　　　　　〕…国家の意思決定やその執行に当たる機関

〉〉〉【⑥】
①人民と領土に対する国家の統治権，②対内的に最高で対外的に独立した権力，③国の政治を最終的に決定する権力，という三つの意味がある。(→國p.7❶)

法の意義・役割

【法の意義と役割】

❶国家権力によって人々の外面的行為を規制

❷個人の基本的人権を保障し，国家権力の濫用を防ぐ

❸内容を変更することができる

　→憲法など，改正に特別の要件が必要なものもある

〉〉〉私的自治
個人の私法上の法律関係を，個人の自由な意思によって律することを私的自治という。(→國p.7❸)

【法の種類】

- 〔⑧　　　　　　〕…国家と国民の間を規律する
- 〔⑨　　　　　　〕…私人間を規律する
- 社会法…公共的な利益の達成をめざす

正誤問題　　次の文が正しい場合には○，誤っている場合には×を(　)に記入しなさい。

1．政治は国家だけでなく，国際社会や地域・企業・労働組合などの社会集団においてもみることができる。　(　　　)

2．国家の三要素とは，明確な領域・そこに住む人々(国民)・主権であるが，このうち主権とは，対内的には最高の支配力と正統性をもち，対外的には他国から支配・干渉されない独立性をもつことをいう。(　　　)

◀ **exercise**　政治と支配はどのような関係にあるのか，30字程度でまとめてみよう。

20

40

■ 民主政治の誕生

【近代以前のヨーロッパ】

・〔①　　　　　　　　〕…特権身分である領主や騎士が土地と領民を支配

　→人々は自由を認められない隷属身分だった

・封建領主の権力が一人の国王に集中＝〔②　　　　　　　　〕

　→王の権力は神から与えられたもの＝〔③　　　　　　　　〕

・〔④　　　　　　　　〕…商工業の発達にともない勢力を強めた**市民階級**(ブルジョアジー)が〔②〕を打倒

例：イギリスの〔⑤　　　　　　　　　　　　　　　　　〕，**名誉革命**，

　　アメリカの〔⑥　　　　　　　　〕，**フランス革命**　など

■ 社会契約説

【社会契約の考え方】

・〔⑦　　　　　　　　〕…〔⑧　　　　　　　〕を守るために，契約を結んで国家を作り，その支配に従うのだとする考え方

〔⑨　　　　　〕 『リバイアサン』	人々の自己保存のための行動が互いに衝突し，闘争状態をもたらす(＝**万人の万人に対する闘争**) ↓ 戦争状態の悲惨から逃れるため，人々は契約によって自然権を国家に譲渡 　＝絶対王政を擁護，国王権力への服従を説く
〔⑩　　　　　〕 『統治二論』	自然状態における人間は自由で平等。生命・自由・財の自然権をもち，互いに平和共存 ↓ 自然権の維持をより確実にするため，人々は契約を結んで国家を作り，代表者に政治権力を信託 ⇔政府が自然権を侵害した場合，国民に〔⑪　　　　　　〕や革命権が発生する
〔⑫　　　　　〕 『社会契約論』	人間は本来，自由で平等であったが，私有財産の発生によりその状態が保てなくなる ↓ 人々は契約を結んで社会を作り，自然権を社会に譲渡。かわりに人民は社会の運営に参加する権利をもち，主権は公共の利益を求める〔⑬　　　　　　　　〕に従う 　＝**人民主権に基づく直接民主制**

〉〉〉〔②〕
絶対君主制とも呼ばれ，近代国家の形成や商工業の発展に一定の役割を果たした側面もあったが，一方では，強大な権力を一手に握る国王による絶対主義的な独裁政治(恣意的な逮捕・裁判や課税など)がおこなわれ，商工業を営む市民の自由な経済活動も制約された。

〉〉〉**自然法**・〔⑧〕
人間の本性(自然)に根ざし，時代をこえて保障されるべき普遍的な法を自然法と呼ぶ。そのため，人の定める法(実定法)は自然法に違反することはできないとされた。自然法が保障する権利を〔⑧〕と呼ぶ。

正誤問題 　　　次の文が正しい場合には○，誤っている場合には×を( )に記入しなさい。

１．絶対王政の時期に，国王の権力は神から与えられたもので，これに逆らうことは許されないと主張した説を王権神授説という。　　　(　)

２．ロックによれば，人は生まれながらにして生命・自由・財産などの自然権をもつが，この権利を無制限に行使すれば「万人の万人に対する闘争」におちいるので国王と契約を結ぶことになる。　　　(　)

2 民主政治と人権保障の発展②

教科書　p.10～12

>>> 〔①〕と法治主義
中世イギリスの法観念に由来する〔①〕は，絶対君主の専断的支配に対するコモン・ロー(普通法)の優位として確立し，個人の自由を擁護する原理となった。19世紀のドイツに確立された法治主義は「法律による行政」という形式を重視し，法律によれば個人の自由も制限可能であるという側面が見られた。(→𝕮 p.10❶)

■ 法の支配と基本的人権の保障

〔①　　　　　　　　　〕

…権力は権力者の勝手な意思によってではなく，法に基づいて行使されなければならないという考え方

　→社会契約の考え方を生み出す

<法の支配>
国民の自由・権利を守るためのルール　法
君主・政府
国民
議会が法を制定　国民の代表である

【法の支配と歴史(イギリス)】

1215年	〔②　　　　　　　　　〕制定(法の支配の原型) …貴族や僧侶が，国王の課税権や逮捕権の制限などを認めさせたもの 　→王が貴族などの同意を得て政治をおこなう〔③　　　　　　〕

絶対王政期に恣意的な逮捕や裁判がおこなわれ，法の支配の原理が動揺

17世紀はじめ	中世以来の〔②〕である 〔④　　　　　　　　　〕(普通法)が王権をも支配する …イギリスの法律家クック(コーク)の主張

・法の支配は，近代においては〔⑤　　　　　　　〕の考え方として一般化

【基本的人権の保障】

・人権宣言…「人間は生まれながらにもつ自由や平等は，国家や政府も侵すことのできない権利である」という考え方を理念とする宣言

　　　　　　→市民革命によって打ち出された

　人権宣言の例…〔⑥　　　　　　　　　　　〕(1776年)，

　　　　　　アメリカ独立宣言(1776年)，フランス人権宣言(1789年)

>>> アメリカ独立宣言
アメリカ独立宣言は，生命・自由および幸福の追求という天賦の権利を宣言し，政府はこの権利を確保するために組織されることをうたった。

【人権の歴史的発展】

・近代的人権(基本的人権)…自由権中心(国家からの自由)

　→〔⑦　　　　　　　　〕らの経済思想につながる

　…自由放任(〔⑧　　　　　　　　　〕)の原則

　→国家の役割を治安維持など最小限の機能に限定する制度

　　(〔⑨　　　　　　　〕)を生む

・社会問題の発生(自由主義国家の弊害)

　…失業や賃金・労働時間をめぐる資本家と労働者の対立，住宅難や公害など

　　↓

>>> フランス人権宣言
フランス人権宣言は，自由・所有権・安全および圧制への抵抗を自然権として宣言したほか，国民主権をも確認し，「法は一般意志(共通意志)の表明である」としている。

・社会主義者のラッサールなどによる批判

　…自由主義国家は市民の財産を守るだけの〔⑩　　　　　　　　　〕

→国家は労働者や社会的弱者の労働・生存・福祉を権利として認め保障すべき

⬇

自由権とは異なる〔⑪　　　　　　　　〕と呼ばれる新しい人権の思想に発展

＝労働基本権，生存権，教育を受ける権利など

→〔⑫　　　　　　　　　　　〕で確立

→国家による経済活動への介入

　…社会保障・福祉の充実など社会的平等をめざす

　　＝〔⑬　　　　　　〕国家(積極国家)

》》》〔⑫〕
〔⑫〕は，ナチス政権による
全権委任法の成立により，
事実上廃止された。

▌人権の国際化

・近代の国際法…国家間の約束，個人にまで効力は及ばない

　戦争やファシズム → 個人に対する大規模な人権侵害

　　→人権保障は国際的な共通原則(例：**国際人権規約**など)

▌権力分立

・国家権力が特定機関に集中すると，権力が濫用されやすい→**権力分立**の考え

・ロック…立法権と執行権を分離，立法権優位の制度を提案

・〔⑭　　　　　　　　　〕(フランス)…『**法の精神**』で国家の権力を立法

　権，行政権，司法権の三つにわけることを提案＝〔⑮　　　　　　　〕制

　　いずれも権力を複数の機関に分担させ，〔⑯　　　　　　　　〕(チェッ

ク・アンド・バランス)の関係に置く

正誤問題 ／／／　次の文が正しい場合には○，誤っている場合には×を(　)に記入しなさい。

１．一般の国民だけでなく，国王でも法に従うべきであるという考え方が法の支配の考え方である。
　(　　　)

２．「法の支配」と「法治主義」は全く同じ概念で，どちらも法によって国を統治し，またその国民を法によって守ろうとする考え方である。(　　　)

◀ **exercise**　ホッブズ・ロック・ルソーの社会契約説の特徴を，それぞれ50字程度でまとめてみよう。

ホッブズ

																				20
																				40
																				60

ロック

																				20
																				40
																				60

ルソー

																				20
																				40
																				60

3 国民主権と民主主義の発展

教科書　p.13〜15

》》民主政治
アメリカ第16代大統領リンカーンは1863年にゲティスバーグでおこなった演説で，民主政治のことを「人民の，人民による，人民のための政治」であると述べた。(→國p.13❷)

▌国民主権

・[①　　　　　　　　　]…政治権力を国民の意思に基づいて組織・運用する制度→近代国家で採用

・民主政治(民主主義)…国民主権と基本的人権の尊重に基づく政治

[②　　　　　　　　]…政治に参加する権利，国民の基本的人権の一つ

　→基本的人権をもち，主権者として政治に参加する人々(＝市民)

【参政権の拡大】

初期の参政権…納税する男性のみ(制限選挙)

　　　　　　産業革命後の参政権拡大運動

⬇

(例)[③　　　　　　　　　　　](イギリス)

[④　　　　　　　　]…すべての成人に参政権を認める

▌議会制民主主義と直接民主主義

・[⑤　　　　　　　　　　　　](代表民主主義，間接民主主義)

　…政府や議員を通じて国民が自らの意思を政府に伝える方法

[⑥　　　　　　]の原理	議会は全国民の代表で構成される
[⑦　　　　　]の原理	公開の討論を通じて国政の基本方針を決定する

・[⑧　　　　　　　　　　]…国民投票やデモなどを通じて，より直接的に民意を政府に示す

▌ファシズム

ファシズム…選挙を通じて権力を掌握し，民主政治をくつがえす独裁政治体制

例)ドイツの[⑨　　　　　　]，イタリアのファシスタ

[⑨]政権…メディアを使ったプロパガンダを利用し，大衆の熱狂的支持

　　　　　→少数派の抑圧，ユダヤ人の大量虐殺など軍事的な独裁体制

▌多数決原理

【全体の意思の決定】

・国民主権の原則…国民の総意に基づく政治

⬇　全員の意見の一致は難しい

[⑩　　　　　　　　　]…多数者の意見を全体の意思とする

> ・多数者の意見が常に正しいとは限らない
> ・少数意見の無視や少数派の権利侵害の懸念

→[⑪　　　　　　　　　　]([⑫　　　　　　　　　　](仏)やミル(英))

現代民主政治の課題

・大衆民主主義…政治への関心や見識をもたない人々(大衆)が選挙民の多数を
　占める傾向

　→市民が必要な知識や判断力をもっているかが問われる

・〔⑬　　　　　　　　　　　　〕…問題を単純化することで，理性的な思考ではな
　く，情緒や感情によって人々を動かそうとする政治手法

・特定の人種や宗教を信じる集団などに対しての差別や憎悪をあおる
　〔⑭　　　　　　　　　　　　〕も問題に

立憲主義と民主主義

・国家による統治は憲法に基づいてなされる

　→国家権力を憲法によってしばるという考え方…〔⑮　　　　　　　　　〕

〉〉〉〔⑭〕
〔⑭〕について，社会的関心
が高まっていたことを受
け，「〔⑭〕解消法」が成立
し，2016年に施行された。
同法は，「本邦外出身者」に
対する「不当な差別的言動
は許されない」と宣言して
いる。
　なお，同法の附帯決議で
は，「本邦外出身者」に対す
るものであるか否かを問わ
ず，国籍，人種，民族等を
理由とした排他的言動は決
してあってはならないとし
ている。

正誤問題 　次の文が正しい場合には○，誤っている場合には×を(　)に記入しなさい。

1．「人民の，人民による，人民のための政治」とは，アメリカ初代大統領ワシントンの言葉である。
　(　　　　)

2．参政権の拡大によって，大衆も政治に参加する大衆民主主義が成立した。(　　　　)

◀ **exercise** 　① ミルによる民主政治がもつ危険性とはどういうものだろうか。以下の文章の空欄
にあてはまる語句を下記の語群から選びなさい。

　ミルは民主主義において多数者が少数者を抑圧することを「(ア　　　　)」と呼び，問題とした。民主政
治は，多数者の意見を全体の意思とする(イ　　　　)に基づいて運営されるが，多数者の意見が常に正し
いとは限らない。参政権の拡大によって，一部のエリートだけではなく大衆も政治に参加する
(ウ　　　　)が成立すると，議会が「無知な大衆」によって支配されて，個人の自由が侵害される「(ア)」の
危険性が高まるとするミルは，(エ　　　　)の必要性を主張したのである。

〈語群〉① 大衆民主主義　　② 多数決原理　　③ 少数意見の尊重　　④ 多数者の専制

② 多数決の短所と長所にはどのようなものがあるだろうか。それぞれ50字程度でまとめてみよう。

短所

20
40
60

長所

20
40
60

4　世界の政治体制

教科書　p.16～20

▎**議院内閣制**　【イギリスの政治制度】

・〔①　　　　　　　　　　〕…内閣は国民の代表である議会(下院)の信任に基づいて成立

【首相の選出】

・民選の下院(庶民院)で多数を占める政党の党首が首相に選出

・非民選の上院(貴族院)に対し，予算の議決などで下院が優越

【議会と内閣の関係】

・下院で内閣の不信任が議決された場合

　→内閣は〔②　　　　　　　〕するか，議会を解散して国民の信を問わなければならない

【選挙と政党】

・政党が政権公約(〔③　　　　　　　　　　〕)を掲げて党中心の選挙運動をおこなう

⇨ 　勝利した党…内閣を構成
　　敗北した党…「〔④　　　　　　　　　〕」を組織して次の選挙に備える

・二大政党制のもとで政権交代をくりかえしてきた

▎**大統領制**　【アメリカの政治制度】

【厳格な権力分立制】

・大統領は国民の選挙で選ばれる→強いリーダーシップをもつ

・大統領は議会が可決した法案に〔⑤　　　　　　　〕を発動したり，議会に政策などを示す〔⑥　　　　　〕を送ることができる

・裁判所は〔⑦　　　　　　　　〕を行使し，議会や行政に対する強い抑制機能を果たす

・〔⑧　　　　　　　〕がとられ，地方政府と中央政府の分立がはかられている

【フランスやロシアの政治制度】

〔⑨　　　　　　　　　〕…大統領と首相が並存する制度

▎**中国の政治制度**

【社会主義国である中国】

〔⑩　　　　　　　　　　　　〕…共産党が一党独裁のもと，国家機関を統制

〔⑪　　　　　　　　　　　〕…国の最高機関

〔⑫　　　　　　　　　〕…1997年に香港が中国に返還される際，50年間は経済的・法的な制度の現状を維持し，社会主義の中国と異なる制度の適用を約束

▎**アジアの政治制度**

〔⑬　　　　　　　　　〕(シンガポールやマレーシア)

…経済成長のために自由や民主主義を制限して政治的な統合をはかる体制

中東のイスラム諸国

…王政をとる国が多い　⇔経済成長にともなう近代化により政治体制が多様化

　　→イランではイスラム法の専門家会議が最高指導者を選出

〉〉〉**アメリカ大統領選挙**
大統領は，制度的には国民が大統領選挙人を選ぶ間接選挙で選出されるが，各州の大統領選挙人は州ごとの選挙民の判断に従って投票するので，実質的には，国民が直接選挙するのとかわらない。

〉〉〉〔⑧〕
合衆国憲法では，〔⑧〕が定められている。各州は，外交・同盟・関税などを除く行政上の権限をもつとともに，州議会・州裁判所を設けている。(→圏p.17❷)

〉〉〉〔⑫〕
2020年に施行された香港国家安全維持法によって，反政府活動が弾圧され，中国による統制が強化された。

〉〉〉〔⑬〕
韓国の朴正熙政権(1963～79)やインドネシアのスハルト政権(1968～98)，チリのピノチェト政権(1974～1990)なども含まれるとされる。(→圏p.19❸)

■ 民主化への動きとその動揺

1980年代〜	韓国や台湾などで，経済成長によって豊かになった市民が政治的自由を求める→民主化が実現
1989年〜	東欧諸国や旧ソ連で改革による体制転換
2010年代	アラブ諸国で起きた民主化を求める市民による大規模な抗議・デモ活動 　→チュニジアやエジプトでは独裁政権が倒れる 　（〔⑭　　　　　　　　　　　〕）

・〔⑮　　　　　　　　　　　〕…指導者が人々の不満の矛先を特定の集団に誘

　導し，既存の政党などを批判して権力の座につくこと

【ポリアーキー】（多元主義）…ダール（米）が提唱した複数による支配のこと

　政党のほかにも多様な集団が政治に参加して，自由に競争することで望まし

い結果を生み出す

》》》**合意民主主義**

多数者支配の民主政治ではなく，多様な少数派を多数の政党によって代表させ，意見の代表や調整をはかるタイプの民主政治のこと。ベルギーやスイスに見られる。

正誤問題　　次の文が正しい場合には○，誤っている場合には×を（　）に記入しなさい。

１．イギリスの議院内閣制とは，内閣が，国民の代表である上院（貴族院）の信任に基づいて成立する制度である。（　　　　）

２．アメリカの裁判所には違憲審査権があるが，実際にはアメリカの民主政治において重要な役割を果たしていない。（　　　　）

３．イランでは，宗教上の最高指導者が国の最高権力をもつ。（　　　　　）

◀ exercise　議院内閣制と大統領制について，それぞれの長所と短所を50字程度でまとめてみよう。

①議院内閣制　長所

（20字／40字／60字のマス目）

短所

（20字／40字／60字のマス目）

②大統領制　長所

（20字／40字／60字のマス目）

短所

（20字／40字／60字のマス目）

Check ✓ 重要用語

1. 政治と法

❶社会全体の秩序をつくり，政策を決定するための公的なルール。　　❶＿＿＿＿＿

❷国家の統治権，対内的に最高で対外的に独立した権力，国の政治を最終的に決定する権力という3つの意味があるもの。　　❷＿＿＿＿＿

❸国家のなかで意思決定やその執行に当たる機関。　　❸＿＿＿＿＿

2. 民主政治と人権保障の発展

❹絶対王政のもとで，王の権力は神から与えられたものであると唱えられた政治思想。　　❹＿＿＿＿＿

❺人間は本来自由で平等だとし，自然権を守るために，契約を結んで国家をつくり，その支配に従うとする考え方。　　❺＿＿＿＿＿

❻『リバイアサン』で，人間は自然状態のもとでは「万人の万人に対する闘争」を生み出すため，契約によって自然権を国家に譲渡すると考えた思想家。　　❻＿＿＿＿＿

❼『統治二論』で，王権神授説を批判し，人間は自然状態において自由・平等だとし，これを確実なものにするために契約を結んで国家をつくるとした思想家。　　❼＿＿＿＿＿

❽『社会契約論』で，公共の利益の実現をめざす一般意志にもとづき，人民主権や直接民主制を主張したフランスの思想家。　　❽＿＿＿＿＿

❾「人の支配」に対立する言葉。権力は権力をもつ者の勝手な意思によってではなく，法に基づいて行使されなければならないとする考え方。　　❾＿＿＿＿＿

❿基本的人権であり，生命・自由・財産などの個人の人格的，経済的な自由を確保する権利。　　❿＿＿＿＿

⓫ワイマール憲法によって確立された労働基本権，生存権，教育を受ける権利などの新しい人権。　　⓫＿＿＿＿＿

⓬『法の精神』で，立法・行政・司法を分け，異なる機関に担当させる三権分立制を唱えたフランスの思想家。　　⓬＿＿＿＿＿

3. 国民主権と民主主義の発展

⓭すべての成人に参政権を認める普通選挙制が広がるなかで起こった，参政権拡大の運動としてよく知られているイギリスの運動。　　⓭＿＿＿＿＿

⓮多数による判断が少数意見の無視や少数者の権利の侵害につながることがある状態を，多数者の専制と呼んだイギリスの思想家。　　⓮＿＿＿＿＿

4. 世界の政治体制

⓯イギリスのように，内閣が下院の信任によって組織され，内閣が議会に対して連帯して責任を負う政治制度。　　⓯＿＿＿＿＿

⓰アメリカの大統領は，議会が可決した法案に拒否権を発動できることのほかに，議会に政策などを示す文書を送ることができるが，この文書を何というか。　　⓰＿＿＿＿＿

⓱中国では，複数政党での選挙や権力分立が認められず，共産党の一党独裁であるが，このような権力のあり方を何というか。　　⓱＿＿＿＿＿

⓲経済成長を成しとげるため，自由や民主主義を制限して政治的統合をはかる体制。韓国の朴正熙政権，インドネシアのスハルト政権など。　　⓲＿＿＿＿＿

⓳2010年末以降，チュニジアをはじめとする多くのアラブ諸国において，民主化を求める大規模な抗議・デモ活動があいついだが，このような民主化の動きを何というか。　　⓳＿＿＿＿＿

1　人権は社会情勢の変化に合わせて発展してきた。その過程で登場した，人権の発展を象徴する表現が含まれる次の憲法・宣言の一節ア〜ウを，そのような発展の段階を踏まえて古い順に並べたとき，その順序として正しいものを，次の①〜⑥のうちから一つ選べ。

ア　「経済生活の秩序は，すべての人に，人たるに値する生存を保障することを目ざす，正義の諸原則に適合するものでなければならない」

イ　「人類社会のすべての構成員の固有の尊厳と平等で譲ることのできない権利とを承認することは，世界における自由，正義及び平和の基礎である」

ウ　「人は，自由，かつ，権利において平等なものとして生まれ，生存する」

（資料）外務省webページ及び樋口陽一・吉田善明編『解説世界憲法集第4版』

①　アーイーウ　　②　アーウーイ　　③　イーアーウ

④　イーウーア　　⑤　ウーアーイ　　⑥　ウーイーア

（2014年センター試験政治・経済追試）

2　政治体制について2つの次元で類型化を試みる理論に接した生徒Yは，その理論を参考にいくつかの国のある時期の政治体制の特徴を比較し，次の図中に位置づけてみた。図中のa〜cのそれぞれには，下の政治体制ア〜ウのいずれかが当てはまる。その組合せとして最も適当なものを，下の①〜⑥のうちから一つ選べ。

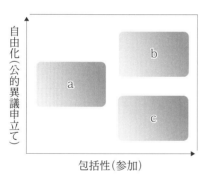

ⅰ．包括性（参加）：選挙権がどれだけの人々に認められているか（右にいくほど，多くの人に認められている）。

ⅱ．自由化（公的異議申立て）：選挙権を認められている人々が，抑圧なく自由に政府に反対したり対抗したりできるか（上にいくほど，抑圧なく自由にできる）。

ア　日本国憲法下の日本の政治体制

イ　チャーティスト運動の時期のイギリスの政治体制

ウ　ゴルバチョフ政権より前のソ連の政治体制

①　a－ア　　b－イ　　c－ウ　　②　a－ア　　b－ウ　　c－イ

③　a－イ　　b－ア　　c－ウ　　④　a－イ　　b－ウ　　c－ア

⑤　a－ウ　　b－ア　　c－イ　　⑥　a－ウ　　b－イ　　c－ア

（2021年大学入学共通テスト政治・経済第一日程）

3 　生徒Xは，そもそも国家はなぜあるのかについて興味があり，ホッブズの『リヴァイアサン』を読み，議論の流れや概念の関係を整理した下の図を作った。次の文章a〜dは，『リヴァイアサン』の一節あるいは要約であり，図中の空欄　ア　〜　エ　には，a〜dのいずれかの文章が入る。空欄　エ　に入る文章として最も適当なものを，次の①〜④のうちから一つ選べ。

a　人は，平和と自己防衛のためにかれが必要だとおもうかぎり，他の人びともまたそうであるばあいには，すべてのものに対するこの権利を，すすんですてるべきであり，他の人びとに対しては，かれらがかれ自身に対してもつことをかれがゆるすであろうのと同じおおきさの，自由をもつことで満足すべきである。

b　人びとが，かれらすべてを威圧しておく共通の権力なしに，生活しているときには，かれらは戦争とよばれる状態にあり，そういう戦争は，各人の各人に対する戦争である，ということである。

c　各人は，かれ自身の自然すなわちかれ自身の生命を維持するために，かれ自身の意志するとおりに，かれ自身の力を使用することについて自由をもっている。

d　各人は，平和を獲得する希望があるかぎり，それにむかって努力すべきであるというのが，理性の戒律すなわち一般法則である。その内容は，「平和をもとめ，それにしたがえ」ということである。

出所：永田洋訳『リヴァイアサン（一）』による。表記を一部改めている。

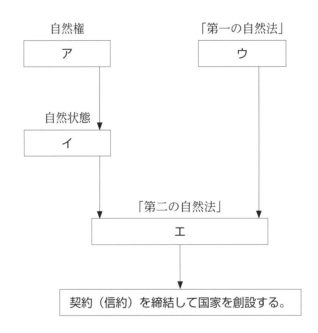

①　a　　②　b　　③　c　　④　d

（2021年大学入学共通テスト政治・経済本試第二日程）

4　各国の立法府と行政府の関係についての記述として誤っているものを，次の①～④のうちから一つ選べ。

①　アメリカでは，大統領は下院の解散権を有する。
②　イギリスでは，原則として下院の多数党の党首が首相となる。
③　フランスでは，大統領制と議院内閣制とをあわせた形態を採用している。
④　ドイツでは，大統領には政治の実権がなく議院内閣制を採用している。

（2012年センター試験政治・経済本試）

5　ファシズムの例として挙げられるドイツについての記述として最も適当なものを，次の①～④のうちから一つ選べ。

①　ナチスによって政権が掌握される際に，選挙が利用された。
②　世論操作が展開される際に，マスメディアに対する規制が取り払われた。
③　対内的には多様な人種構成が尊重されたが，対外的には過度なナショナリズムが唱えられた。
④　暴力的手段は頻繁に用いられたが，反対政党は禁止されず一党独裁が回避された。

（2011年センター試験政治・経済追試）

6　開発独裁についての記述として誤っているものを，次の①～④のうちから一つ選べ。

①　革命や軍事クーデターによって政権に就いた例が少なくなかった。
②　多くの場合，工業化のために外国資本を積極的に導入した。
③　東南アジアでは，このような体制がとられた国はなかった。
④　国民の自由な政治活動や政府批判が制限されることが多かった。

（2013年センター試験政治・経済追試）

1 日本国憲法の成立

教科書　p.23〜26

■ 明治憲法下の政治

1889年：明治政府はプロイセン憲法などを参考に〔①　　　　　　　　　　　〕を制定

　　　…天皇が定める〔②　　　　　　　　　〕

　　　…立憲主義の外見を備えていたが，実質的には天皇を絶対的な主権
　　　者とする絶対主義的な色彩が濃い＝**外見的立憲主義**

【明治憲法の特色】

〔③　　　　　　　〕	天皇が統治権をもつ
統帥権の独立	軍隊の指揮命令権は議会や内閣も関与できない天皇の大権
〔④　　　　　　　〕	国民の権利は基本的人権としてではなく，「法律ノ範囲内」で認められた権利(**法律の留保**)

>>> **〔②〕と民定憲法**
君主主権の原理に基づき，君主が制定した憲法。一方，国民主権の原理に基づき，国民が制定した憲法を民定憲法と呼ぶ。
(→圏p.23❶)

【明治憲法下の政治】

大正時代：〔⑤　　　　　　　　　　　　　〕

　　自由主義的・民主主義的な風潮→政党内閣が生まれる(1918年)

・〔⑥　　　　　　　　　　〕の制定(1925年)

　　⇔〔⑦　　　　　　　　　〕の制定…労働運動・言論弾圧の強化

昭和時代：軍部による政治干渉→第二次世界大戦へ

■ 日本国憲法の成立

【敗戦と憲法改正】

・1945年8月14日：〔⑧　　　　　　　　　　　　〕受諾

　　…日本政府が受け入れて降伏した占領方針

　　…日本の武装解除と民主化を進める指針

・〔⑨　　　　　　　　　　〕が日本政府に対して憲法改正を示唆

　　→日本政府，憲法改正案(松本案)を作成

　　…明治憲法とあまりかわらないものであった

>>> **さまざまな憲法改正案**
政府の動きとは別に，さまざまな立場の団体・政党などによる憲法改正案作成の動きがあった。とくに，憲法研究会の改正案は，GHQからも高い評価を受けた。

　　⇔　| GHQ…松本案を拒否，憲法草案(**マッカーサー草案**)作成 |

　　　　| 日本政府…マッカーサー草案をもとに改正案をまとめる |

　　　　| 日本国憲法の成立…1946年11月3日公布,1947年5月3日施行 |

■ 日本国憲法の基本原理

【三大基本原理】

(1)国民主権…〔⑩　　　　　　　　　　〕→天皇は国事行為のみをおこなう

(2)〔⑪　　　　　　　　　　〕の尊重…個人の尊重を基本原理としたうえで，基本的人権を「侵すことのできない永久の権利」として保障

　　※明治憲法下では制限されていた

>>> **国事行為**
内閣の助言と承認によりおこなう。内閣総理大臣や最高裁判所長官の任命，法律の公布，国会の召集，衆議院の解散，栄典の授与，外国の大使・公使の接受(第6条，第7条)などがある。
(→圏p.25❷)

(3) [⑫　　　　　]…恒久 [⑫] を採用

　　…戦争の放棄，戦力の不保持，国の交戦権の否認

　　・前文で全世界の国民の [⑬　　　　　　　　　　　] を保障

■ 最高法規性

・憲法は国の [⑭　　　　　　　　]…憲法に違反する法律などは無効

・[⑮　　　　　　　　　　]…天皇および国務大臣，国会議員，裁判官そ

の他の公務員が負う

■ 憲法改正

・憲法の改正には，厳格な手続きが定められている＝ [⑯　　　　　　　　]

　→各議院の総議員の3分の2以上の賛成で国会が改正案を発議し，国民投票

　　で過半数の賛成を得る必要がある

>>> **国民投票法**

日本国憲法の改正手続きを具体的に定めたのが，「日本国憲法の改正手続きに関する法律（国民投票法）」(2007年公布, 2010年施行) である。主な内容は，①国民投票のテーマは憲法改正に限定，②投票年齢は18歳以上，③公務員と教育者の国民投票運動の制限，④テレビなどによる広告の禁止，である。(→圏 p.26 ❷)

正誤問題 　次の文が正しい場合には○，誤っている場合には×を（　）に記入しなさい。

1．大日本帝国憲法下では，軍隊の指揮命令権は天皇の大権事項とされ，議会や内閣もこれに関与できな

　かった。（　　　　）

2．第90帝国議会では，日本政府の憲法改正案を修正することなく可決した。（　　　　）

3．日本国憲法には，国民は憲法を尊重し擁護する義務があることが明記されている。（　　　　）

[Work] 　大日本帝国憲法が外見的立憲主義とされる理由について，次の文中の(ア)～(オ)に入る語句を語群から選び，記号で答えなさい。

　　本来の立憲主義とは，単に憲法に従って政治をおこなうことだけではなく，（　ア　）の制限によって（　イ　）の権利を保障することこそが，真の目的である。ところが明治憲法は，主権者とされた（　ウ　）が数々の強大な権限を持つ一方，（　イ　）の権利は「（　エ　）」として「（　オ　）の範囲内」で認められるに過ぎず，基本的人権として保障されるものではなかった。このように，明治憲法は実質的には絶対主義的な色彩の濃いものであった。

〈語群〉　①国民　　②天皇　　③法律　　④(国家)権力　　⑤臣民の権利

ア□　　　　　イ□　　　　　ウ□　　　　　エ□　　　　　オ□

◀ **exercise** 　大日本帝国憲法と日本国憲法の違いを，主権者，保障されている権利，統治機構に注目して，150字程度でまとめてみよう。

																				20
																				40
																				60
																				80
																				100
																				120
																				140
																				160

2 平和主義①

教科書　p.27〜29

▍平和主義の確立

・過去の戦争への厳しい反省

　→徹底した〔①　　　　　　　　　〕を日本国憲法で採用

　　…再び戦争の惨禍を繰り返さない

　　…全世界の国民が平和のうちに生存する権利（〔②　　　　　　　　　　　〕）
　　を有する

▍憲法第9条と防衛力の増強

【日本の再軍備】

1950年	〔③　　　　　　　　　　〕の創設 …朝鮮戦争を機に連合国軍総司令部が指示
1952年	〔④　　　　　　　　〕発足
1954年	MSA協定（日米相互防衛援助協定）→〔⑤　　　　　　　　〕発足 →数次にわたる防衛力整備計画を経て，世界有数の規模に

・自衛隊に対する政府の見解

　「自衛のための必要最小限度の実力であり，第9条で禁じられている戦力で
　はない」

・〔⑥　　　　　　　　　　〕…軍隊の独走を防ぐため，国防上の重要事項の決定権
　を文民（職業軍人でない者）がもつこと

・〔⑦　　　　　　　　　　　　　〕…外交・安全保障に関する諸課題について，
　政府の意思決定や政策判断をはやめるため，議長である〔⑧
　　　　　　〕の主導のもと関係閣僚が日常的に情報交換や審議をおこなう機関

▍日米安保体制

1951年：日本政府は〔⑨　　　　　　　　　　　　　　　　〕の締結と同時

　　　　に，〔⑩　　　　　　　　　　　〕（安保条約）を結ぶ

　　　　→アメリカ軍の日本駐留＋基地を提供

　　　　→日本は極東における冷戦の最前線に

1960年：安保条約は〔⑪　　　　　　　　　　　　　〕（新安保
　　　　条約）に改定←激しい反対運動が展開された

> ・自衛隊の増強
> ・日本の領域内で日米いずれかが攻撃を受けた場合，共同行
> 　動をとること
> などが盛り込まれる

同時に〔⑫　　　　　　　　　　〕発効…新安保条約第6条に基づく，駐留米軍
や米軍人の法的地位を定めた協定

※欄外注

>>>MSA協定
日本が，自国の防衛力の発展・維持のために全面的寄与をおこなうことを条件として，アメリカは，日本の軍備強化に援助を与えるとする日米協定。日本の再軍備を推進する役割を果たした。（→教p.27❷）

>>>〔⑤〕の役割
国土防衛や公共の秩序維持のほか，自然災害の際に人命や財産を保護するための活動（災害派遣）などがある。（→教p.27❸）

>>>〔⑫〕
米軍基地の無料使用，低空飛行訓練の容認，基地返還時の原状回復義務の免除，また「公務中」の犯罪の裁判権が米国側にあり，日本の裁判権が優先的に及ぶ「公務外」の犯罪についても，日本の警察や検察による捜査が大きく制約されていることなど，さまざまな問題点が指摘されている。（→教p.29❶）

<u>1978年</u>：「〔⑬　　　　　　　　　　　　　　　　　　〕」（ガイドライン）の策定

> ・日米共同作戦の研究，日米共同演習がおこなわれるようになる
> ・在日米軍駐留経費の一部を日本側が負担するようになる（「〔⑭　　　　　　　　　　　〕」）

》》》〔⑭〕
2021年，政府は，在日米軍駐留経費の日本側負担の通称を「同盟強靱化予算」にすることを決定した。

・自衛隊や日米安保条約の合憲性は裁判でも争われた

長沼ナイキ訴訟…札幌地裁は自衛隊違憲判決。札幌高裁は〔⑮　　　　　　　　　〕により判断回避

〔⑯　　　　　　　〕事件…東京地裁は在日米軍違憲判決。最高裁は，〔⑮〕により，憲法判断を回避

■非核3原則

・核兵器を「〔⑰　　　　　　　　　　　　　　　　〕」…日本政府の

　基本方針（1971年，国会決議）

　　→「広義の密約」により，米軍による核兵器のもち込みが黙認されていた

正誤問題 次の文が正しい場合には○，誤っている場合には×を（　）に記入しなさい。

1．長沼ナイキ訴訟は，自衛隊の合憲性について争われた裁判で，第1審は違憲と判断された。（　　　）

2．砂川事件は，日米安保条約の合憲性について争われた事件で，第1審は違憲と判断したものの，最高裁は憲法判断を示さなかった。（　　　）

3．「思いやり予算」とは，在日米軍駐留経費の全部を日本側が負担するとしたものである。（　　　）

Check! 資料読解 ① **教科書p.28 ■「主な国の軍事費と日本の防衛費」　グラフからわかることは何か。あてはまるものを答えなさい。**

① 防衛関係費1％枠の撤廃後は，日本の防衛費対GDP比の割合は上昇を続けている。

② 中国の軍事費はアメリカを超えている。

③ 日本の軍事費はアジア諸国の中で最も多い。

④ 日本の防衛費は90年代以降は横ばいであったが，2012年前後から上昇を続けている。

⑤ 防衛関係費が増大している期間は，GNP（GDP）に占める割合もあわせて上昇している。

②　**防衛関係費は1990年代まで増大し続けた。それはなぜか，教科書p.184の本文を参考にして，次の文中の空欄にあてはまる語句を答えなさい。**

　第二次世界大戦後，アメリカを中心とする資本主義諸国（（ア））と，（イ）を中心とする社会主義諸国（東側）との対立が表面化して（ウ）がはじまり，1989年の両国の首脳による終結宣言まで続いた。日本は日米安保体制の下，（ア）の一員として防衛力の強化に努めた。

ア	イ	ウ

2 平和主義②

教科書　p.29〜32

自衛隊の海外派遣と安保体制の変容

【自衛隊の海外派遣】

1991年	湾岸戦争終結後，自衛隊がはじめて海外に派遣される ※国際貢献などが理由
1992年	[① 　　　　　　　　　　　　　　]の制定 …自衛隊は[② 　　　　　　　　　]をはじめ，世界各地に派遣されるようになった
1996年	[③ 　　　　　　　　　　　　　　]…日米の防衛協力を強化
1997年	ガイドラインを改定
1999年	[④ 　　　　　　　　　]を制定 …日本周辺地域で，日本の平和と安全に重大な影響を与える事態([⑤ 　　　　　　　　])の際に，自衛隊が米軍の後方支援をおこなうことなどを定めた
2015年	ガイドラインを再度改定 →[④]が改正され，[⑥ 　　　　　　　　　　　　]に名称変更 …弾薬の提供や発進準備中の戦闘機への給油,兵士輸送などが可能に

戦地への自衛隊派遣

【拡大する自衛隊の役割】

2001年	「[⑦ 　　　　　　　　　　　　　　　]」 →アメリカがテロリストの拠点であるアフガニスタンを攻撃 →日本は[⑧ 　　　　　　　　　　　]を制定 …米軍などの艦船への海上給油のために自衛艦をインド洋に出動させる
2003年	イラク戦争…[⑨ 　　　　　　　　　　　]を制定 →武力衝突が続くイラクに自衛隊を派遣
2006年	自衛隊法が改正…自衛隊の海外活動が「本来任務」に
2015年	[⑩ 　　　　　　　　　　　]が恒久法として制定 …国連憲章に従って活動する外国軍に対する，自衛隊の協力支援活動などが可能に 　→現場の判断で武器を使用する危険性が高まったとの指摘も

有事法制の整備

[⑪ 　　　　　　　　　]…外国から攻撃を受けた場合など有事に対処するための法制度

2003年：有事関連３法(武力攻撃事態法など)

2004年：有事関連７法(国民保護法や米軍行動円滑化法など)

戦後の安全保障政策の転換

【政府解釈の変更】

・政府は従来，同盟国が攻撃された場合，自国への直接攻撃がなくても協力して防衛行動をとる[⑫ 　　　　　　　　　]の行使は許されないとしてきた

>>>【①】
2001年の改正により，停戦監視など国連の平和維持軍本体業務への参加が可能になり，武器使用条件も拡大した。(→教p.29❸)

>>>後方支援
アメリカ軍への物品・役務の提供(燃料補給や物資・人員の輸送)をおこなう後方地域支援活動や，戦闘中に遭難した米兵を救助する活動(後方地域捜索救助活動)など。(→教p.30❶)

>>>海賊対処法
2009年制定。海賊行為の取り締まりを目的とする自衛隊の海外派遣を可能にした。(→教p.30❷)

>>>個別的自衛権
外からの急迫不正な侵害を受けたとき，自国を守るために必要な措置をとる権利を個別的自衛権という。(→教p.31❶)

⬇

2014年：集団的自衛権の行使を限定的に容認する閣議決定

⬇

2015年：「[⑬　　　　　　　　　]」の制定
…集団的自衛権の行使や米軍などに対する後方支援活動の拡大など
・[⑭　　　　　　　　　]を認定すれば，自衛隊は自国の防衛のため，武力
で他国を守ることが可能に
・首相は自衛隊に海外で武力行使するための出動を命ずることが可能に
2022年：国家安全保障戦略
…[⑮　　　　　　　　　](反撃能力)の容認や防衛費の大幅増額

▌平和主義と日本の役割
・日本政府は，日本国憲法の理念である「武力によらない平和」の立場から外交
努力をしていかなければならない
→「唯一の[⑯　　　　　　]」として，核兵器の全面的禁止に向けて，各国政
府と国際世論に働きかけていく責任がある

正誤問題 　次の文が正しい場合には○，誤っている場合には×を(　)に記入しなさい。
1．同時多発テロののち，PKO協力法にもとづいて自衛隊がインド洋に派遣された。(　　　)
2．2015年に制定された「安全保障関連法」では，個別的自衛権の行使が初めて認められた。(　　　)
3．政府は，日本国憲法は自衛権を否定していないので，自衛隊は違憲でないと主張している。(　　　)
4．沖縄県には在日米軍施設の約15％が集中している。(　　　)

◀ exercise 　安全保障には軍事力以外にどのような政策があるか，100字程度でまとめてみよう。

20
40
60
80
100

Try！ 　沖縄の米軍基地について，住民投票の結果に基づいて決定するのは，公正かどうか考えてみよう。

3 基本的人権の保障①

基本的人権の尊重

【人権の永久不可侵性】

・基本的人権…国家権力によっても侵し得ない永久の権利

　　→個人の尊重の原理(第13条)がその基礎にある⇔利己主義

自由権の保障

[①　　　　　　　]…国家からの干渉を受けずに自由に行動できる権利

　　→自由権の保障は，個人の尊重と深くかかわる

精神の自由

[②　　　　　　　　　]…心のなかで自由に考えることの自由

[③　　　　　　　　]…信仰の自由，宗教的行為の自由，宗教的結社の自由

　・[④　　　　　　　　　]の原則…国家と宗教の結びつきを否定

[⑤　　　　　　　]…集会，結社，言論，出版などの自由

　　→自分の考えや自分が知った事実を発表する自由

[⑥　　　　　　　]…学問研究の自由，研究発表の自由，教授の自由

人身の自由

・人身の自由…不当な逮捕・監禁・拷問や恣意的な刑罰をされない自由

<blockquote>

・奴隷的拘束や苦役からの自由

・拷問・残虐刑の禁止

・[⑦　　　　　　　　　]の原則…裁判所の令状がなければ，逮捕・捜索・押収を許さない

・被疑者・被告人の[⑧　　　　　　　]

・被疑者・被告人の[⑨　　　　　　　　　]

・[⑩　　　　　　　　　]…どのような行為が犯罪となり，どのような刑罰が科されるのかを，事前に法律で定めておかなければならない

・[⑪　　　　　　　　　　　]…刑罰を科すには，法の定める適正な手続きによらなければならない

</blockquote>

　　→[⑫　　　　　　　](無実の罪)を防ぐため，厳格に守る必要性

・犯罪被害者の人権…犯罪被害者基本法で犯罪被害者の権利を明記

経済活動の自由

経済活動の自由…資本主義の発達を，法の側面から支える

　・[⑬　　　　　　　　]の自由

　・[⑭　　　　　　　]の保障

　　→無制限に認めると，貧富の差や社会的不平等が生じる

　　→[⑮　　　　　　　　]による制限

》》靖国神社参拝問題

靖国神社は，戦前，軍人などの戦没者の霊をまつる神社として国家神道の象徴とされた。戦後は一宗教法人とされたため，内閣総理大臣が靖国神社に公的な資格で参拝することは，政教分離違反の疑いがある。(→麴p.35❶)

》》検閲

憲法は検閲(国が表現物の内容を事前に審査し，不適当と認めるものの発表を禁止する制度)を絶対的に禁止している(第21条2項)(→麴p.36❶)

》》死刑をめぐる議論

最高裁は1948年に死刑は残虐刑に当たらないという合憲判決を出し，日本では死刑制度が定着している。しかし，国際的には1989年に死刑廃止条約が国連総会で採択され，廃止の流れが強まっている。

正誤問題 /// 次の文が正しい場合には○，誤っている場合には×を（　　）に記入しなさい。

1．国際問題になりそうな書籍の内容を国が発行前にチェックするのは問題がない。（　　　）

2．最高裁判所は，死刑は憲法が禁ずる残虐刑に当たるとして，違憲判決を出したことがある。（　　　）

3．犯罪被害者は，刑事裁判で意見を陳述したり，公判記録を閲覧したりすることができる。（　　　）

4．信教の自由が保障されているため，国家と宗教が結びつくのは問題がない。（　　　）

Work ① 教科書p.36 ②「刑事手続きの流れと人権保障」を参考にして，次の図の(A)〜(E)に適する語句を，解答欄に記入しなさい。

地位	手続きの流れ	拘束場所	機関	憲法の条項
A	逮捕 48時間以内 / 送検 24時間以内 / 勾留決定 / 20日以内 / C	警察の留置場 / 代用刑事施設	警察 / D	●第31条−適法手続の保障 ●第33条−令状主義 ●第35条−令状主義 ●第34条−抑留・拘禁に対する保障 ●第36条−拷問の禁止 ●第38条−供述の不強要,自白の証拠能力
B	裁判	拘置所	裁判所	●第32条−裁判を受ける権利 ●第37条−刑事被告人の諸権利 ①公平・迅速・ E を受ける権利 ②証人審問・証人を求める権利 ③弁護人依頼権
受刑者	有罪	刑務所	刑務所	●第36条−残虐な刑罰の禁止
	無罪			●第40条−刑事補償

A	
B	
C	
D	
E	

② 下の意見をA．死刑存置に賛成，B．死刑廃止に賛成に分類し，記号を書きなさい。

ア．死刑がなくなると，凶悪犯罪が増加しそうだ。

イ．個人が殺人をおかすと罪なのに，国家が殺人をおかしてもいいのか。

ウ．どんな人でも，過ちを悔い改め更生するチャンスを与えられるべきだ。

エ．凶悪な犯人を生かしておくと，再犯の可能性がある。

オ．犯人は刑務所などで罪の償いをさせるほうが，社会にとっても有益である。

カ．自分の大切な人を死に至らしめた人が，生きているのは納得できない。

キ．自身の生命をもって償うべき犯罪がある。

ク．冤罪で捕まった人は，死刑執行後にはとりかえしがつかない。

A．（　　　　　　　　　）　　B．（　　　　　　　　　）

◀ **exercise** 死刑の存在の賛否を，いずれかの立場に立って150字程度で論じてみよう。

3　基本的人権の保障②

教科書　p.39～41

■ 平等権の保障

・[①　　　　　　　　]
　…「個人の尊重」の原理から導き出される権利
　…自由権と並んで，近代市民社会では不可欠の基本的人権
　　→男女の平等，選挙における平等，教育の機会均等

■ 社会のなかのさまざまな差別

【女性差別】

〉〉〉**選択的夫婦別姓**
女性の社会進出が進むなか，結婚にともない改姓すると，女性が職業上不利益を受けるとして，夫婦別姓を可能とする民法改正を求める声が強まっている（→國p.39❶）

1985年	女性差別撤廃条約の批准 →[②　　　　　　　　　　]の制定 …職場の男女差別をなくし，職業上の男女平等の実現をめざす
1991年	育児休業法の制定→1995年に育児・介護休業法へと改正
1999年	[③　　　　　　　　　　　　　]の制定

・[④　　　　　　　　　　]（社会的・文化的に作られた性差）に基づく男女の固定的な役割分担とそれによる差別は，完全には解消されていない

【部落差別】

〉〉〉**被差別部落**
賤民身分として差別された人たちが住まわされた地区。（→國p.39❷）

1922年	「[⑤　　　　　　　　]」の結成 …被差別部落の人々により結成→差別の撤廃を求める
1965年	政府が同和対策審議会答申を発表→差別の解消をめざす

→こんにちでも，職業，居住，結婚などで差別が見られる

【民族差別・外国人差別】

1997年	「[⑥　　　　　　　　　　　　]」の制定 …民族の文化振興が主な目的で，先住民族としての権利は明記されず
2019年	[⑦　　　　　　　　　　　]の制定 …アイヌを「先住民族」と明記し，文化の維持・振興に向けた交付金制度を創設

・近年は在日韓国人・朝鮮人など，かつて日本の侵略により植民地支配を受けた国の出身で，日本に定住する外国人への差別が問題となっている

【障がい者差別】

・[⑧　　　　　　　　　　]（1993年）を制定
　→障がい者の自立と社会参加の支援をはかる

【性的少数派の権利保障】

・性同一性障がい者や性的少数者（[⑨　　　　　　　]）の権利保障が重要な課題
　→日本では，東京都渋谷区が同性パートナーシップ条例を2015年に制定
・2023年：[⑨]理解増進法の制定
　…性的指向やアイデンティティの多様性に関する理解の増進を求め，不当な差別はあってはならないとする

【病気を理由とする差別】

判例：〔⑩　　　　　　　　　　　〕国家賠償訴訟(熊本地裁)

　　　→損害賠償を命じる判決，国は控訴を断念して謝罪

【形式的平等と実質的平等】

・〔⑪　　　　　　　〕平等…個人の能力や条件の差異を考慮に入れず，機会の平
　等の確保をめざす

・〔⑫　　　　　　　〕平等…個人の能力や条件の差異を考慮に入れて，機会の平
　等の結果として生ずる不平等を是正しようとする

・〔⑬　　　　　　　　　　　　　　　　　〕
　…社会的・経済的に不利な立場にある集団に対して〔⑫〕平等を確保するた
　め，一定の有利な取り扱いをすること

正誤問題 /// 次の文が正しい場合には○，誤っている場合には×を( )に記入しなさい。

1．日本国憲法第14条では，人種や性別によって差別してはならないことが明記されている。
　(　　　)

2．男女共同参画社会基本法は制定されたが，日本は，女性差別撤廃条約を批准していない。(　　　　)

3．1997年に制定されたアイヌ文化振興法では，アイヌ民族の先住民族としての権利が明記されるよう
　になった。(　　　)

Work 1 次の文を形式的平等の例を示すものと，実質的平等の例を示すものに分類しなさい。

1．アメリカの大学で，入学者500人のうち，80人に黒人枠を設ける。

2．就職試験において，学歴を不問とした。

3．差別を禁止する基本法をつくる。

4．議員のうち一定割合以上を女性としなければならないという割当制(クオータ制)にする。

形式的平等 [　　　　　　] 　　　実質的平等 [　　　　　　]

2 「憲法に基づく民主主義において重要なことは，その時々の多数者の意思を忠実に実現することよ
　りもむしろ，個人の尊重を基礎として，個人の自由と平等を保障することにある」という考え方があ
　る。この考え方に沿う主張として最も適当なものを，次の①～④のうちから一つ選べ。

　① 　人権を尊重するためには国家権力をなるべく強くする必要があるので，国民の義務規定を中心と
　　する憲法を制定すべきである。

　② 　住民の多数が利用する公共施設の建設を地方議会が決定した場合，建設予定地付近の住民は，そ
　　の決定に反対してはならない。

　③ 　憲法の改正はその時々の国民が主権者として行う行為であるから，特定の憲法条文の改正を禁止
　　する規定を憲法の中に設けてはならない。

　④ 　表現の自由を制約する法律の違憲性を審査する際には，裁判所は国会の判断にとらわれることな
　　く，自らの判断に基づいて判決を下すべきである。

(2002年センター試験政治・経済追試)

[　　　　]

3 基本的人権の保障③

教科書　p.41〜43

社会権とは

〔①　　　　　　　　〕…人間らしい生活を求める権利

　　　　　　　　　→国に対して積極的な施策を要求する権利

生存権

〔②　　　　　　　　〕…すべての国民に保障された，「健康で文化的な最低限度の
　　　　　　　　　　生活を営む権利」

　→国に対して，社会保障施策を積極的に推進すべきことを義務づける

【憲法第25条をめぐる法的解釈の相違】

> ・〔③　　　　　　　　　　〕…第25条は法的な権利を定めたものであり，憲
> 法に基づいて生存権の保障を裁判で主張できるとする

 対立

> ・〔④　　　　　　　　　　　〕…第25条は生存権保障に関する国の政
> 策上の指針を示したに過ぎず，個々の国民に具体的権利を与えたもの
> ではないとする
> 　→最高裁は〔⑤　　　　　　　　〕などで採用

教育を受ける権利

・人間らしい生活を営むには，一定の水準の知識・技術を身に付ける必要があ
る

　→憲法は，〔⑥　　　　　　　　　　〕を保障

　　…教育の〔⑦　　　　　　　　〕をうたい，〔⑧　　　　　　　　〕の無償を定
める

労働基本権

・日本国憲法は，労働者の権利を認めることで人間らしい生活の維持を保障

　…〔⑨　　　　　　　〕や〔⑩　　　　　　　〕(団結権・団体交渉権・団体行動
権)を労働基本権として保障

　→これらを具体的に保障するため，〔⑪　　　　　　　　〕（労働基準法・
　〔⑫　　　　　　　　〕・労働関係調整法）が制定されている

　　…公務員労働者は労働三権が厳しく制限されている

参政権・請求権

・〔⑬　　　　　　　〕…国民が政治に参加する権利

議会制民主主義(間接民主制)のもとでの権利

…公務員の〔⑭　　　　　　　　〕，普通選挙・平等選挙・投票の秘密

直接民主制的な権利

…最高裁判所裁判官の〔⑮　　　　　　　〕，地方特別法の〔⑯　　　　　　〕，
　憲法改正の〔⑰　　　　　　　〕

》》》**堀木訴訟**
障害福祉年金と児童扶養手当の併給禁止規定は違憲であると訴えた訴訟。1982年の最高裁判決は，国会の裁量の範囲内であるとして，違憲性の主張を退けた。(→圏 p.42判例11)

》》》**学習権**
教育を受ける権利の基礎には，人は教育を受け，学習して，成長・発達していく固有の権利(学習権)を有する，という理念があるとされる。(→圏 p.42❶)

【請求権】

・基本的人権を保障するため，国家に積極的な行為を求める権利。憲法は，請願権，〔⑱　　　　　　　　　　〕(公務員の不法行為で損害を受けた場合に賠償を求めることができる権利)，**裁判を受ける権利**，**刑事補償請求権**(拘禁などされたのち無罪の判決を受けた場合に補償を求めることができる権利)などを保障している

【請願権の役割と意義】

・〔⑲　　　　　　　　　　〕…国や地方公共団体に対して希望を述べる権利

　例)署名を集めて，官公署に一定の対応を求める活動

　※国などの側に，請願に対応する法的義務は生じないが，選挙権の有無を問わない

正誤問題 /// 次の文が正しい場合には○，誤っている場合には×を(　　)に記入しなさい。

1．日本国憲法では平等選挙は保障されていない。　　　　　　　　　　(　　　　)

2．請願権が行使されたさい，国などの側は，請願に対応する法的義務が生じる。(　　　　)

3．生存権のプログラム規定説が最高裁で採用されたことはない。　　　(　　　　)

4．生存権について争われた裁判である朝日訴訟で，最高裁は違憲判決を出した。(　　　　)

5．日本国憲法には，裁判を受ける権利の保障が明記されている。　　(　　　　)

〔Work〕 次のことがらはどんな権利の保障に関連しているか。

1．ハローワークで職業紹介をしてもらった。　　　　　　　　(　　　　　　　　　)

2．イラクへの自衛隊派遣反対の署名やデモ行進をおこなった。(　　　　　　　　　)

3．保健所で，乳児検診をしてもらい，予防接種を受けた。　　(　　　　　　　　　)

4．小学校に子どもが入学し，教科書を無料で配布してもらった。(　　　　　　　　　)

5．アルバイトではたらく人同士で，労働組合をつくることができた。(　　　　　　　　　)

◀ exercise 議会制民主主義を採用する国において，表現の自由が重視されるのはなぜか。80字程度でまとめてみよう。

																				20
																				40
																				60
																				80

4　人権の広がり

教科書　p.44〜49

▍環境権

・〔①　　　　　　　　　　〕…良好な環境を享受する権利

> 背景：〔②　　　　　　　　　　　　　〕など公害問題の深刻化
> 根拠：幸福追求権（憲法第13条）・生存権（第25条）
> 効果：環境破壊行為の差し止め・予防請求

▍知る権利

・〔③　　　　　　　　　　　　〕…国・地方公共団体に情報を公開させる権利

> 背景：国民が主権者として，正しい政治判断をおこなうため
> 根拠：表現の自由（憲法第21条）
> 効果：情報公開の請求

　→〔④　　　　　　　　　　〕の制定（1999年）

・〔⑤　　　　　　　　　　　〕（2013年）

　…国と国民の安全確保を目的に，防衛・外交など安全保障にかかわる情報を
　　特定秘密とし，それを漏らす行為を厳罰に処する

・〔⑥　　　　　　　　　　〕権…マスメディアに対して，自己の意見の発表の場を
提供することを要求する権利

▍プライバシーの権利

・〔⑦　　　　　　　　　　　　　　　〕

…私生活上のことがらをみだりに公開されない権利

…自己情報をコントロールする権利

> 背景：情報伝達手段の飛躍的な発達
> 根拠：幸福追求権（憲法第13条）
> 効果：行政機関や民間事業者などに，個人情報の適正な取り扱いを義
> 　　　務づける〔⑧　　　　　　　　　　　　〕の制定（2003年）

【個人情報管理のための法整備の推進】

・2002年：（〔⑨　　　　　　　　　　〕）が稼働

・2013年：国民一人ひとりに固有の個人番号を付けて，社会保障や税に関す
る情報を管理する共通番号法（〔⑩　　　　　　　　　　〕）が制定

▍自己決定権

・〔⑪　　　　　　　　　　　〕…個人が一定の私的なことがらについて自ら決定す
ることができる権利

　→医療現場において実質的に保障していくためには，〔⑫

　　　　　　　　　　〕などの確立が前提

▍社会生活と人権

・私人間における人権保障…国家権力からの自由を基本としつつ，社会的権力
からの自由をも保障しようとする考え

〉〉〉【④】
政府の説明責任（アカウンタビリティ）については定めているが，国民の知る権利は明記していない。（→圀p.45❶）

〉〉〉【⑤】
特定秘密の取得も処罰される可能性があるため，報道機関の取材の自由を制約し，国民の知る権利を侵害するとの批判がある。

〉〉〉肖像権
本人の承諾なしに，みだりにその容ぼう・姿態を撮影されない権利。（→圀p.45❹）

〉〉〉忘れられる権利
インターネット上の検索機能が向上したため，インターネットに流れた個人情報が半永久的に，公衆の目にさらされる危険性が現実化した。EUの司法裁判所は，この権利を認め，検索事業者は検索結果の削除義務を負うとした。

人権の国際化

1948年：〔⑬   〕の採択…個人と国家が達成すべき人権保

障の共通の基準

1966年：〔⑭   〕の採択…〔⑬〕を具体化し，各国を法的に

拘束

・このほか，〔⑮   〕の地位に関する条約(1951年)，人種差別撤廃条

約(1965年)，女性差別撤廃条約(1979年)，〔⑯   〕の権利条約

(1989年)なども採択されている

公共の福祉

・日本国憲法は，基本的人権の永久不可侵を定めているが，人権が一切の制限

を受けないということではない

→「〔⑰   〕」のために利用

＝個人の権利を等しく尊重し，適正な調整をはかるための原理

正誤問題 /// 次の文が正しい場合には○，誤っている場合には×を(   )に記入しなさい。

1．新しい人権は法制化されると同時に日本国憲法にも追加されている。(   )

2．環境権は最高裁判所の判決では明確に認められてはいない。(   )

3．情報公開法にもとづき情報公開請求をすれば，すべての情報について開示が可能である。(   )

4．子どもの権利条約は，日本も批准している。(   )

5．日本国憲法には，国民の三大義務について明記されていない。(   )

6．人種的憎悪をあおる言動(ヘイトスピーチ)が問題となっているが，日本では，解消に向けた法整備は

まったく進んでいない。(   )

〔**Work**〕 次の判決と関連する権利を線でむすびなさい。

1．『宴のあと』事件　　・　　　　　・　ア．環境権

2．国立マンション訴訟・　　　　　・　イ．プライバシーの権利

　　　　　　　　　　　　　　　　・　ウ．知る権利

　　　　　　　　　　　　　　　　・　エ．自己決定権

◀ **exercise** なぜ新しい人権が主張されるようになったのか，100字程度でまとめてみよう。

												20
												40
												60
												80
												100

Skill up 教科書p.49 ◀ **exercise** の答え

Check ✓ 重要用語

1．日本国憲法の成立

❶国家権力の専制をふせぎ国民の権利を守るために，憲法を制定し，憲法によって政治をおこなうという考え方。　　❶＿＿＿＿＿

❷明治憲法は「臣民の権利」を保障したが，天皇が臣下に与えた権利であって，法律の認める範囲内で保障されるものにすぎなかった。これを何というか。　　❷＿＿＿＿＿

❸1925年，普通選挙法が制定されたと同時に，共産主義・社会主義運動を弾圧するために制定された法律。　　❸＿＿＿＿＿

❹戦後日本の国家改革に関する要求が含まれており，1945年8月に日本が受諾したもの。　　❹＿＿＿＿＿

❺連合国軍総司令部(GHQ)の最高司令官マッカーサーが，総司令部民政局に作成を命じた憲法改正草案。　　❺＿＿＿＿＿

❻日本国憲法は，天皇によって与えられた憲法ではなく，国民みずからが主権者として制定した憲法である。このような憲法を何というか。　　❻＿＿＿＿＿

❼日本国憲法では，天皇は政治的権能をいっさいもたず，憲法に定められた国事行為のみをおこなう。その際，つねに内閣の何が必要か。　　❼＿＿＿＿＿

❽日本国憲法第96条に規定されているように，憲法改正について，とくに慎重な手続きが求められる憲法のこと。　　❽＿＿＿＿＿

2．平和主義

❾1928年に結ばれ，国家の政策の手段としての戦争を放棄することを宣言している条約。　　❾＿＿＿＿＿

❿日本国憲法第9条では，戦争の放棄，戦力の不保持と，さらにもう一つ何が規定されているか。　　❿＿＿＿＿

⓫1951年，サンフランシスコ平和条約調印と同時に，アメリカと結ばれた条約。　　⓫＿＿＿＿＿

⓬新安保条約とともに締結され，駐留米軍や米軍人の法的地位や基地の管理について定めた協定。　　⓬＿＿＿＿＿

⓭1971年，衆議院本会議の決議で確認された，核兵器を「もたず，つくらず，もち込ませず」という原則。　　⓭＿＿＿＿＿

⓮日本も冷戦終結後の国際秩序の維持・形成に参加して国際貢献すべきだという議論が高まり，1992年に制定された法律。　　⓮＿＿＿＿＿

⓯1996年，「アジア太平洋地域」における日米の防衛協力の強化という方向で再定義されることになった宣言。　　⓯＿＿＿＿＿

⓰1999年に制定され，「周辺事態」の際に，自衛隊が米軍の後方地域支援をすることを定めたガイドライン関連法の一つ。　　⓰＿＿＿＿＿

⓱自国と同盟・連帯関係にある他国が武力攻撃を受けたときに，その国を守るために，共同して防衛行動をとる権利。　　⓱＿＿＿＿＿

⓲2015年，集団的自衛権の行使や米軍等に対する後方支援の拡大などをもり込んだ10本の関係法律の改正と，国際平和支援法を総称した法律。　　⓲＿＿＿＿＿

3．基本的人権の保障

⓳他人の自由や権利を侵さない限り，国家からの干渉を受けずに自由に考え，発言し，行動できる権利。　　⓳＿＿＿＿＿

⓴憲法20条などの規定にある，国と宗教との結びつきを否定する考え方。　　⓴＿＿＿＿＿

㉑国が言論・出版などの内容を審査して，不適当と認めるときは，その発表などを禁止する制度。　　㉑＿＿＿＿＿

❷どのような行為が犯罪となり，どのような刑罰が科されるのかを，事前に明確に法律で定めておくこと。　❷

❷憲法第31条で規定されている，法の定める適正な手続きによらなければ刑罰を科せられないとする考え方。　❷

❷犯罪被害者の人権に配慮して，2004年に制定され，被害者の権利保障のための基本施策が定められた法律。　❷

❷職場の男女差別をなくし，職業上の男女平等を実現するための法律。　❷

❷社会的・文化的に作られた性差のこと。　❷

❷社会的・経済的に不利な立場にある集団に対して実質的平等を確保するため，一定の有利な取り扱いをすること。　❷

❷憲法第25条の規定は，国民が国に何らかの給付を請求できる権利ではなく，国のとるべき政策上の方針を定めたに過ぎないとする見解。　❷

❷憲法第28条に規定され，労働基本権として認められている労働三権は，団結権，団体交渉権ともう一つは何か。　❷

❸間接民主主義のもとで，国民に認められている選挙権をはじめとする権利。　❸

❸犯罪の容疑により身体の拘束をうけたのち，裁判で無罪となった場合に，国に対して補償を求めることができる権利。　❸

❸公務員の違法な行為などによって損害を受けた国民が，国や地方公共団体に対して損害賠償を求めることができる権利。　❸

4．人権の広がり

❸憲法第25条(生存権)と第13条(幸福追求権，人格権)を根拠に主張されるようになった良好な環境を享受する権利。　❸

❸1999年に制定され，中央省庁の行政文書の開示を請求することを規定した法律。　❸

❸憲法第13条を根拠に主張されるようになった，私生活上のことがらをみだりに公開されない権利。　❸

❸全国民の住民票を一元的に管理する改正住民基本台帳法が制定されたのを受け，2003年に制定された法律。　❸

❸2013年に制定され，国民一人ひとりに番号を割りあて，個人情報をひとつの番号を用いて管理するための法律。　❸

❸インターネット上の個人情報や中傷などの削除を求める権利。　❸

❸個人が一定の私的なことがらについて，公権力その他から干渉されることなく，自ら決定することができる権利。　❸

❹医療現場における「十分な説明を受け，納得したうえでの同意」のこと。　❹

❹国際連合が「すべての人民とすべての国とが達成すべき共通の基準」として1948年に採択した宣言。　❹

❹憲法第12条・13条などに規定され，個人の権利の行使とともに，他人の権利も同じように尊重する意味の制限を何というか。　❹

1 次の文章は，自由と平等とについての考え方をある生徒がまとめたものである。この文章の X ・ Y のそれぞれには次の考え方ア・イのどちらかが入る。 Y に入る考え方と，その考え方に対応する具体的な政策や取組みの例a〜dの組合せとして最も適当なものを，下の①〜⑧のうちから一つ選べ。

　　近代の市民革命では，人間が生まれながらにさまざまな権利をもつ存在であるという考え方から導かれた自由と平等という二つの理念が，封建社会を打ち破る原動力となった。市民革命の後に各国で定められた多くの人権宣言は，自由と平等を保障している。ここでは， X との考え方がとられていた。

　　しかし，その後の歴史の経過をみると，自由と平等とは相反する側面ももっていることがわかる。19世紀から20世紀にかけて， X との考え方は，現実の社会における個人の不平等をもたらした。資本主義の進展によって，財産を持てる者はますます富み，それを持たざる者はますます貧困に陥ったからである。そこで，平等について新しい考え方が現れることになった。すなわち， Y との考え方である。

　　もっとも，平等についてこのような考え方をとると，今度は平等が自由を制約する方向ではたらくことになる。国家は，持たざる者に対する保護の財源を，持てる者からの租税により調達する。持てる者にとって，その能力を自由に発揮して得た財産に多くの税を課されることは，みずからの自由な活動を制限されているに等しい。また，国家は，持たざる者に保護を与えるにあたり，その資産や収入を把握する。持たざる者は，これを自由に対する制約であると感じるだろう。

　　このようにみると，自由と平等との関係は一筋縄ではいかないことがわかる。

考え方

ア　すべての個人を国家が法的に等しく取り扱い，その自由な活動を保障することが平等である

イ　社会的・経済的弱者に対して国家が手厚い保護を与えることで，ほかの個人と同等の生活を保障することが平等である

政策や取組みの例

a　大学進学にあたり，高等学校卒業予定またはそれと同等の資格をもつ者の全員に大学受験資格を認定する。

b　大学進学にあたり，世帯の年収が一定の金額に満たない者の全員に奨学金を支給する。

c　大学入試において，国際性を有する学生を確保するため，帰国子女の特別枠を設定する。

d　大学入試において，学力試験のみでは評価しにくい優れた能力をもつ学生を獲得するため，アドミッション・オフィス入試（AO入試）を実施する。

①　アーa　　②　アーb　　③　アーc　　④　アーd
⑤　イーa　　⑥　イーb　　⑦　イーc　　⑧　イーd

（2018年大学入学共通テスト試行調査政治・経済）

2　空き家について，生徒Xは，国土交通省のWebページで「空家等対策の推進に関する特別措置法」（以下，「空家法」という）の内容を調べ，次のメモを作成した。Xは生徒Yと，メモをみながら後の会話をしている。後の会話文中の空欄　ア　・　イ　に当てはまる語句の組合せとして最も適当なものを，後の①〜⑥のうちから一つ選べ。

1．「空家等」（空家法第2条第1項）
・建築物やそれに附属する工作物で居住等のために使用されていないことが常態であるもの，および，その敷地。

2．「特定空家等」：次の状態にある空家等（空家法第2条第2項）
（a）　倒壊等著しく保安上危険となるおそれのある状態
（b）　著しく衛生上有害となるおそれのある状態
（c）　適切な管理が行われないことにより著しく景観を損なっている状態
（d）　その他周辺の生活環境の保全を図るために放置することが不適切である状態

3．特定空家等に対する措置（空家法第14条）
・特定空家等の所有者等に対しては，市町村長は，特定空家等を取り除いたり，修繕したりするなど，必要な措置をとるよう助言や指導，勧告，命令をすることができる。
・上記（a）または（b）の状態にない特定空家等については，建築物を取り除くよう助言や指導，勧告，命令をすることはできない。

X：空家法によると，市町村長は，所有者に対し建築物を取り除くよう命令し，従わない場合は代わりに建築物を取り除くこともできるみたいだよ。

Y：そうなんだ。でも，市町村長が勝手に私人の所有する建築物を取り除いてしまってもよいのかな。

X：所有権といえども，絶対的なものとはいえないよ。日本国憲法第29条でも，財産権の内容は「　ア　」に適合するように法律で定められるものとされているね。空家法は所有権を尊重して，所有者に対し必要な措置をとるよう助言や指導，それから勧告をすることを原則としているし，建築物を取り除くよう命令できる場合を限定もしているよ。でも，空家法が定めているように，　イ　には，所有者は，建築物を取り除かれることになっても仕方ないんじゃないかな。

Y：所有権には所有物を適切に管理する責任が伴うということだね。

①　ア　公共の福祉　　イ　周辺住民の生命や身体に対する危険がある場合
②　ア　公共の福祉　　イ　周辺の景観を著しく損なっている場合
③　ア　公共の福祉　　イ　土地の有効利用のための必要性がある場合
④　ア　公序良俗　　イ　周辺住民の生命や身体に対する危険がある場合
⑤　ア　公序良俗　　イ　周辺の景観を著しく損なっている場合
⑥　ア　公序良俗　　イ　土地の有効利用のための必要性がある場合

（2022年大学入学共通テスト政治・経済本試）

1 立法

教科書　p.50〜53

三権分立制と議会制民主主義

[① 　　　　　　　　　　]…三権が抑制と均衡の関係にある

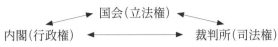

国会(立法権)

内閣(行政権) ←→ 裁判所(司法権)

国会の地位

国会とは [② 　　　　　　　　　　]であり，唯一の[③ 　　　　　　　　]である

…[④ 　　　　　　　]が国民代表機関である国会のみにある(国民主権)

国会の構成

・二院制…[⑤ 　　　　　　　]＋[⑥ 　　　　　　　]

　　　　　　→全国民を代表する選挙された議員によって組織

・国会議員の特権…国民の代表者としての行動に制限がかからないようにする

　　　　　　　　　ために認められた特権

歳費を受けることができる(第49条)

[⑦ 　　　　　　　　　　]：会期中は逮捕されない(第50条)

免責特権：院内での発言などについて院外で責任を問われない（第51条）

・国会の議決…衆議院と参議院両方の意思が合致する必要がある

　→合致しなかった場合は[⑧ 　　　　　　　　]で協議

・[⑨ 　　　　　　　　　　]…以下については衆議院の議決が優先される

法律案の議決(第59条2項)

予算の議決(第60条2項)

条約の承認(第61条)

内閣総理大臣の指名(第67条2項)

　※衆議院議員のほうが任期も短く，解散もあるため，民意をよりよく反映

　　していると考えられるから

・国会の種類…常会／臨時会／特別会／参議院の緊急集会

国会の権限

・[⑩ 　　　　　　]に関する権限

　…法律案の議決(第59条)，条約の承認(第61条)

　　[⑪ 　　　　　　　　]の発議(第96条)など

・財政に関する権限

　…[⑫ 　　　　　　　]主義(第84条)，予算の議決(第86条)など

・三権相互の抑制に関する権限

　…内閣総理大臣の指名権(第67条)，衆議院の[⑬ 　　　　　　　　　]

議決権(第69条)，弾劾裁判所の設置(第64条)など

・行政監督に関する権限

〉〉〉立法権の独占の例外
国会による立法権の独占の憲法上の例外として，両院の規則制定権(第58条2項)，最高裁判所の規則制定権(第77条)がある。
(→國p.50❶)

〉〉〉[⑭]
国政に関する事項を調査するため，両院は，証人を出頭させて証言を求め(証人喚問)，あるいは記録の提出を要求することができる(第62条)。証人喚問などに応じなかったり虚偽の証言をしたりしたときは，刑罰が科される。
(→國p.52❶)

…〔⑭   〕(第62条)

■国会の運営
【国会の審議】
〔⑮   〕を採用
　委員会による審議(重要案件では〔⑯   〕を開催)
　→**本会議**における議決

> 議決は多数決(第56条)
> ⇔少数意見に配慮した慎重な審議が原則

　特定の利益集団と議員の癒着をもたらしやすいという問題
【国民の意思を政治に反映するために】
・〔⑰   〕…政党の所属議員は政党の決定に従うべきとする考え
・〔⑱   〕…政治家どうしの議論の活性化が目的

〉〉〉〔⑱〕
国会の審議の活性化と，政治主導の政策決定を目的として制定された(1999年)。同法は，官僚が閣僚にかわって答弁する政府委員制度の廃止，「党首討論」の場としての国家基本政策委員会の設置，各省庁への副大臣・政務官の設置などを定めている。(→國p.53❶)

[Work] ① 教科書p.52**3**「法律の成立過程(衆議院先議の例)」を参考にして，次の図の①〜⑥に適する語句を，解答欄に記入しなさい。

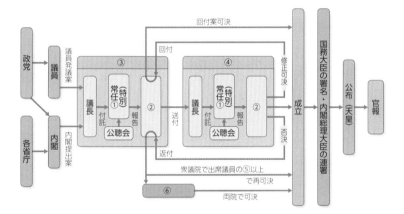

①	
②	
③	
④	
⑤	
⑥	

② 政治家の意義について説明した次の文章の空欄にあてはまる語句を答えなさい。

　人々が政治による決定に従うのは，それが自分たちの〔ア　　　　　〕によってなされるからである。社会の多様な意見を代表するとともに，その〔イ　　　　　〕を調整し，一つの決定を〔ウ　　　　〕の場で作り出す点に意義がある。

◀ exercise　国会審議を活性化させるためにはどのような方法が考えられるか，60字程度でまとめてみよう。

20
40
60

2　行政

教科書　p.54〜58

▌内閣の構成－議院内閣制

・内閣は，国会の信任に基づいて成り立つ＝〔①　　　　　　　　　〕

➡

(1)〔②　　　　　　　　　　　〕は国会議員のなかから，国会の議決で指名される(第67条1項)
(2)その他の国務大臣は内閣総理大臣が任命するが，過半数は国会議員でなければならない(第68条1項)
(3)内閣は国会に対して連帯して責任を負う(第66条3項)
(4)衆議院が〔③　　　　　　　　　〕を決議したときは，内閣は衆議院を〔④　　　　　　〕するか，または〔⑤　　　　　　　　〕しなければならない(第69条)

▌内閣の権限

【行政権】

・内閣は，国会が制定した法律を執行する〔⑥　　　　　　　〕をもつ
　→分野によっては，〔⑦　　　　　　　　〕が権限を行使
・内閣がもつその他の権限
　…外交関係の処理や条約の締結，予算の作成，政令の制定(第73条)，
　　天皇の国事行為に対する助言と承認(第3条)，最高裁判所長官の指名と裁判官の任命(第6条2項／第79条／第80条)など

▌内閣総理大臣の地位と権限

・内閣総理大臣…内閣の〔⑧　　　　　　〕
・内閣総理大臣の権限
　憲法…国務大臣の任免・罷免権(第68条)，
　　　　行政各部の指揮監督権(第72条)など
　法律…〔⑨　　　　〕の主宰(内閣法第4条)
　　　　自衛隊の防衛出動および治安出動の命令(自衛隊法第76条，第78条)など

▌行政権の優位と官僚支配

・国会…「国権の最高機関」

⬅➡

・中央省庁の官僚機構が大きな役割
・〔⑩　　　　　　　　　〕…国会から委任を受け内閣が法律の細則を定める
・国会審議で官僚が質疑・答弁のシナリオを作成

➡　〔⑪　　　　　　　　〕←政治・行政改革の根本的な課題とされてきた

▌官主導社会の転換

【行政の透明性の確保】

・〔⑫　　　　　　　　　　　　〕(行政監察官)の制度…行政機関を外部から監視し，市民の苦情申立てを処理

- 〔⑬　　　　　　　　　〕の導入(2001年)…行政事務の一部を省庁から独立した機関に任せることで，効率性・透明性の向上をはかる
- 〔⑭　　　　　　　　〕の制定(1993年)…**許認可**や**行政指導**の過程の透明化が目的
- 〔⑮　　　　　　　　〕の制定(1999年)…すべての人に行政文書の開示請求権を認める
- 業界と官庁との癒着の原因となる官僚の「〔⑯　　　　　　　〕」の制限
- 〔⑰　　　　　　　　　　　　〕…贈与や株取引の報告・公開，国家公務員倫理審査会・倫理監督官の設置などを定める
- 〔⑱　　　　　　　　　　　　　　〕…内閣人事局による幹部人事の一元化などの改革→縦割り行政の弊害の是正と，官僚主導の政治の転換をはかる

〉〉〉【⑯】
退職した公務員が，在任した省庁の所轄事項と関連の深い民間団体に再就職する慣行。(→國p.58❶)

正誤問題 　次の文が正しい場合には○，誤っている場合には×を(　)に記入しなさい。

1．内閣総理大臣は，衆議院議員のなかから国会の議決で指名される。(　　　　　)

2．内閣は，衆議院が内閣不信任の決議をしたときには，総辞職か衆議院の解散かのいずれかを選択しなければならない。(　　　　)

3．内閣総理大臣は国務大臣に対する罷免権をもつが，国務大臣を罷免するときには，国会の同意が必要である。(　　　　)

4．議員提出法案と内閣提出法案では，内閣提出法案の方が成立率は高い。(　　　　)

5．行政機関に立法をまかせる委任立法は，議会制民主主義の日本ではほとんどみられない。(　　　　)

6．住民の要求・苦情にもとづき行政活動を調査し，是正勧告ができる制度をオンブズ・パーソン制度という。(　　　　)

Check! 資料読解 　教科書p.57 **4**「議員立法と政府立法の推移」　憲法第41条との関係から何が課題であるかを考えてみよう。

exercise 　政治主導や官邸主導をチェックする機能として必要なものは何か，国民主権の観点も踏まえて100字程度でまとめてみよう。

3　司法

教科書　p.59～62

■ 国民の権利と裁判

・〔①　　　　　　　　　　〕…具体的な紛争に法を適用することで裁定する国家権力

　→裁判所に属する(第76条1項)

　　→私たちの権利が不当に侵害された場合，裁判所に訴えて権利の回復を求めることができる

・裁判所の種類…〔②　　　　　　　　　　〕　＋　<u>下級裁判所</u>

高等裁判所／地方裁判所／家庭裁判所／簡易裁判所

・審級制度＝〔③　　　　　　　　〕を採用

　…裁判を3回までおこなうことができる

　　※審理の慎重を期し，誤りがないようにするため

・〔④　　　　　　　　　　　〕…裁判所は他の国家機関から干渉されず，公正な裁判をおこなわなければならない

　→憲法は，裁判官の独立(第76条3項)および裁判官の身分(第78条)を保障

【裁判の種類】

・刑事裁判…法を適用して刑罰を科すための裁判

・〔⑤　　　　　　　　〕…私人間の権利義務に関する争いについての裁判

・行政裁判…行政を相手として権利救済を求める裁判

■ 憲法の番人

・〔⑥　　　　　　　　〕

　…一切の法律・命令・規則・処分などが憲法に違反していないかどうかを判断する権限

　…立法権や行政権による基本的人権の侵害を防ぐ

　→最高裁判所が審査を最終的に確定＝「〔⑦　　　　　　　　　〕」

※〔⑧　　　　　　　〕

　…高度に政治的な事件には違憲審査権は及ばないとする考え方

■ 国民と司法

【民主国家における裁判所】

・憲法は国民に〔⑨　　　　　　　　　　　　〕を保障し(第32条)，〔⑩　　　　　　　　　　　〕を定めている(第82条)

・〔⑪　　　　　　　　〕…最高裁判所の裁判官は，適任かどうかを国民投票により審査される(第79条2項・3項)

・〔⑫　　　　　　　　　〕…国会に設置される裁判所で，職務に違反する裁判官を訴追し辞めさせることができる(第64条)

【裁判への市民参加】

・〔⑬　　　　　　　　〕…18歳以上の国民から選ばれた裁判員が，殺人などの重大事件の第一審で，有罪か無罪か，また，どのくらいの刑罰にするのかを，裁判官とともに決める制度

〉〉〉**裁判の種類**
旧憲法下に置かれていた行政裁判所や軍法会議などの特別裁判所は，認められない(第76条2項)。

〉〉〉**〔②〕の裁判官**
長官を含め15名の裁判官で構成される。長官は，内閣の指名に基づいて天皇が任命し(第6条2項)，そのほかの裁判官は，内閣が任命する(第79条1項)。
(→圏p.61❶)

〉〉〉**〔⑧〕の例**
最高裁は，日米安保条約の合憲性が争われた砂川事件判決(1959年)などで，〔⑧〕を採用した。
(→圏p.60❷)

〉〉〉**陪審制・参審制**
アメリカなどでは，有罪・無罪の判断を一般市民だけでおこない，量刑などの法律判断は裁判官がおこなう陪審制が採用されている。ドイツなどのヨーロッパ諸国では，職業裁判官と一般市民が合議体を構成して，一緒に裁判をおこなう参審制が採用されている。
(→圏p.62❶)

・[⑭　　　　　　　]…検察官が不起訴処分をおこなった場合，有権者からくじで選ばれた審査員が，その処分の当否を判断する制度

→同一の事件について審査会が再度起訴相当と判断した場合，裁判所が指定した弁護士が被疑者を起訴する(起訴議決制度)

正誤問題 /// 次の文が正しい場合には○，誤っている場合には×を(　　)に記入しなさい。

１．司法権の独立は，裁判所が，立法権や行政権など他の国家機関からの干渉を受けないで独立して司法権を行使できるようにするためのものである。(　　　　)

２．裁判官に対する弾劾裁判は，最高裁判所の裁判官で組織される弾劾裁判所によっておこなわれる。(　　　　)

３．日本国憲法では，最高裁判所の長官は，内閣の指名にもとづいて天皇が任命することとなっている。(　　　　)

４．日本国憲法では，最高裁判所の裁判官については，国民審査の制度がとられている。(　　　　)

５．裁判員裁判では，有罪・無罪の判断を一般市民だけでおこない，量刑などの法律判断は裁判官がおこなう。(　　　　)

[Work] 教科書p.59**1**「日本の裁判制度」を参考にして，次の図の①〜⑤に適する語句を，解答欄に記入しなさい。

刑事裁判　**民事裁判**

最高検察庁　高等検察庁　地方検察庁　区検察庁

① 裁判所
② 裁判所
③ 裁判所
④ 裁判所
⑤ 裁判所

特別抗告　上告　特別抗告　上告　特別抗告　上告　特別抗告　上告　特別上告　特別抗告　特別上告　特別抗告

跳躍上告　抗告　控訴　跳躍上告　抗告　控訴　抗告　控訴　再抗告　上告　飛躍上告　即時抗告

跳躍上告　抗告　控訴　抗告　控訴　飛躍上告

····検察は捜査や公訴などをする権限を，対応関係にある裁判所が扱う事件で行使する。

①	
②	
③	
④	
⑤	

[Try!] 私たち国民が，裁判員として司法に参加する意義と課題について，基本的人権の保障という観点から考え，説明してみよう。

4　地方自治

教科書　p.63〜67

■ 地方自治と住民の暮らし

・〔①　　　　　　　　　　〕…地域の運営を地域住民や公共団体がおこなうこと

> 公園や学校などの公共施設の建設や運営／ごみの収集や処理　など

■ 地方自治の本旨

・憲法第92条：「地方公共団体の組織及び運営に関する事項は，〔②　　　　　　　　　〕に基づいて，法律でこれを定める」

【地方自治の本旨】

・〔③　　　　　　　　〕…地方公共団体が，法律の範囲内で国の統制を受けずに地域の行政をおこなうこと

・〔④　　　　　　　　〕…地方公共団体の活動が，住民の意思と参加に基づいておこなわれること

【住民自治の制度】

・特別法に関する住民投票（〔⑤　　　　　　　　　　　　　　　〕）（第95条）

　→特定の地方公共団体のみに適用される特別法を制定する場合は，住民投票の過半数の賛成が必要

・直接請求権

　┌・〔⑥　　　　　　　　　〕…条例の制定・改廃の請求
　│・〔⑦　　　　　　　　〕…首長・議員・役員の解職請求，議会の解散請求
　└・行財政についての監査請求　など

・行財政に関する情報公開

・首長や地方議会議員の公選制（第93条2項）…住民が直接選挙で首長と議員を別々に選出（〔⑧　　　　　　　　〕）

・トックビル…住民は身近な地域での政治参加を通じて，政治を経験し，主権者としての精神や能力を磨くことができる

　＝地方自治は〔⑨　　　　　　　〕の学校（ブライス）

■ 地方分権改革

【戦後の日本における地方自治】

・委任事務（とくに国の指揮監督のもとに国の機関としておこなう〔⑩　　　　　　　　　〕）の占める割合が高かった

・国の許認可や指導を受ける事項が多かった

・〔⑪　　　　　　　　〕を中心とする自主財源の割合が低く，自主的な財政運営が困難で，依存財源に頼ってきた

〔⑫　　　　　　　　　〕	地方公共団体間の財政格差是正のため，国税の一部を地方に交付する税（使途は指定されない）
〔⑬　　　　　　　　　〕 （補助金）	事業ごとに国が使途を指定して支出する補助金，負担金などの総称
〔⑭　　　　　〕	地方公共団体が資金調達のために発行する公債

>>> **シビル・ミニマム**
地域において，住民が健康で文化的な生活を送るために必要な公的サービスの水準のこと。（→國p.63❶）

【地方分権改革】

・1999年：〔⑮   〕

　…機関委任事務の廃止，地方公共団体の仕事が，

　　┌ **自治事務**…地方公共団体が独自に処理できる事務
　　└ **法定受託事務**…本来，国が果たすべき役割に関連した事務　　に分類

〔⑯　　　　　　　　　〕	目的	結果
・国から地方への税源移譲 ・国から地方への補助金の削減 ・地方交付税の見直し	地方財政の自立性の向上，国と地方の財政再建	国の財政再建が優先され，地方の財源が削減

〔⑰　　　　　　　　　〕
の進展（平成の大合併）
←地方財政効率化が目的

　→　不況で地域経済が衰退し，財政破綻する自治体も

　　→　地域再生を促す〔⑱　　　　　　　〕法や地方財政健全化法など地域再生策を進める

》》**道州制**
現在，日本で議論されている道州制は，現在の都道府県を廃止し，数府県をまとめた広域の道・州などの地方行政区域を作る案である。（→圏p.66❶）

》》**住民投票**
地域の重要な問題について，住民が直接意思を表明する制度。1990年代から，原子力発電所や米軍基地，産業廃棄物処理施設などの受け入れをめぐる住民投票が，各地の自治体に広がった。その後，市町村合併や自治基本条例に基づく常設的な住民投票も増えている。（→圏p.67）

▌新しい地方自治

・〔⑲　　　　　　　　　　　〕…独自の理念・原則，自治体運営の基本ルール
　→地方分権にともない**自治立法**の考え方が定着しはじめる

正誤問題 ／／／　次の文が正しい場合には○，誤っている場合には×を（　　）に記入しなさい。

1．「地方自治は民主主義の学校」であると述べたのは，フランスの思想家トックビルである。（　　　　　）

2．憲法第92条にいう「地方自治の本旨」は，地方公共団体が国から一定の範囲で独立した団体として政治をおこなうという意味の団体自治を意味しており，住民自治は含まれていない。（　　　　）

3．住民減で崩壊の危機に瀕している集落を限界集落とよぶ。（　　　　　）

4．地方公共団体の歳入で最も割合が高いのは，地方交付税である。（　　　　　）

Check! 資料読解　地方公共団体の長と議会の選出方法や両者の関係を，教科書p.50**1**「日本の権力分立」と比較しよう。

Try!　自分が住む自治体について，どのようなまちづくりが提案されているのか調べてみよう。

Check ✓ 重要用語

1. 立法

❶日本国憲法は，三権分立制を採用しているが，三権は相互にどのような関係にあるか。　❶

❷日本国憲法は，国民は「正当に選挙された国会における代表者を通じて」行動し，国民の代表者がこれを行使すると規定する。このような政治体制を何というか。　❷

❸憲法第41条で，国会は国権の最高機関と定められているが，もう一つは何と規定されているか。　❸

❹全国民の代表である国会議員には，歳費特権，不逮捕特権ともう一つ特権が与えられている。それは何か。　❹

❺衆議院と参議院の議決が異なった場合に開かれるもの。　❺

❻衆議院の優越が定められているものは，予算の議決，条約の承認，内閣総理大臣の指名ともう一つは何か。　❻

❼衆議院の解散総選挙後30日以内に召集される国会。　❼

❽憲法第84条に規定されており，国の収入である租税の賦課・徴収は，法律によらなければならないとする考え方。　❽

❾憲法第64条に規定されており，両院各7名の議員で組織し，裁判官の罷免の訴追に関して裁判をおこなうために設けることができるもの。　❾

❿両議院が有する，証人を出頭させて証言を求め(証人喚問)，あるいは記録の提出を要求することができる(憲法第62条)という権限。　❿

⓫議案の審議において，重要案件について，利害関係者や学識経験者などの意見を聞くためにひらかれる会議。予算審議では必ずひらかなければならない。　⓫

⓬政党に所属する議員は政党の決定に従うべきとする考え。　⓬

2. 行政

⓭内閣が国会の信任にもとづいて成り立つ制度。　⓭

⓮内閣の首長である内閣総理大臣は，国会の議決で指名されることになっているが，何のなかから選ばなければならないか。　⓮

⓯内閣は，国会に対して連帯して責任を負う。衆議院が内閣不信任の決議をしたときは，総辞職もしくは，何をおこなうか。　⓯

⓰特定の行政分野について，内閣から独立して職権を行使することを認められた合議制機関。　⓰

⓱内閣の権限の一つで，天皇の国事行為に対してなされることは何か。　⓱

⓲明治憲法下の内閣総理大臣は，制度上，他の国務大臣と対等の存在であり，どのような地位であったか。　⓲

⓳内閣総理大臣の権限の一つで，内閣法第4条によって主宰されるもの。　⓳

⓴国会から委任を受けて内閣が法律の細則などを定めること。　⓴

㉑行政機関を外部から監視し，市民からの苦情申立てを処理するための制度。　㉑

㉒退職した公務員が，在任した省庁の所管事項と関連の深い民間団体に再就職する慣行。　㉒

㉓内閣人事局による幹部人事の一元管理などをもり込み，縦割り行政の弊害の是正と，官僚主導の政治の転換をはかって，2008年に制定された法律。　㉓

❷明治憲法下で，司法権の独立が説かれた事件。　❷

❷憲法第76条3項の規定で，裁判官が，憲法および法律以外の何ものにも拘束されずに職権を行使すること。　❷

❷行政裁判所や軍法会議のような裁判所。　❷

❷審理を慎重にするために，通常，第一審，控訴審，上告審と3回裁判を受けられる制度。　❷

❷国民に認められている制度で，衆議院議員総選挙のさいに最高裁判所の裁判官に対しておこなわれること。　❷

❷憲法第81条に規定され，裁判所がいっさいの法律・命令などが憲法に違反していないかどうかを決定する権限。　❷

❸高度に政治的な国家行為の合憲性については，その性質上，裁判所の違憲審査からはずれるとして憲法判断をさける考え方。　❸

❸違憲審査権は，国民の基本的人権を立法府や行政府による侵害から守るために重要な意味をもつ。その判断を，最終的に確定する権限をもつ最高裁判所は何と呼ばれているか。　❸

❸2009年に導入された，司法制度改革の一環として，裁判そのものに一般市民の直接的な参加を認める制度。　❸

❸一般市民(有権者)のなかからくじによって選ばれた人で構成され，検察官の不起訴処分の当否を審査する制度。　❸

４．地方自治

❸地域において住民が健康で文化的な生活をおくるために必要な公的サービスの水準。　❸

❸憲法第92条の地方自治の本旨の内容の一つで，地方公共団体が国の統制を受けずに条例や予算をつくり，地域の行政をおこなうこと。　❸

❸地方自治の本旨に規定されている内容の一つで，地方公共団体の活動が，住民の意思と参加にもとづいておこなわれること。　❸

❸憲法第95条の規定で，特定の地方公共団体だけに適用される特別法に関する住民投票のこと。　❸

❸地方自治においては，住民は首長と議会議員を直接選ぶことができるが，このことを何と呼ぶか。　❸

❸地方自治を，住民が身近な地域の政治への参加を通じて，政治を経験し，主権者としての精神や能力を磨く制度としたフランスの思想家。　❸

❹地方自治について「民主主義の学校」だと述べたイギリスの政治学者。　❹

❹本来は国の業務であるが，地方公共団体の長が国から委任され，国の指揮監督のもとに国の機関としておこなっていた事務。　❹

❹地方公共団体間の財政格差を是正するために，国税の一部を地方に交付する税で，国から使途を指定されないもの。　❹

❹依存財源の一つで，事業ごとに国が使途を指定して支出する補助金，負担金などの総称を何というか。　❹

1　次のA～Cのうち，明治憲法下の帝国議会に当てはまらず，日本国憲法下の国会に当てはまるものはどれか。最も適当なものを，下の①～⑦のうちから一つ選べ。

A　両議院に公選制が採用されている。

B　勅令に関する規定を有する。

C　内閣総理大臣を指名する。

①　A　　②　B　　③　C　　④　AとB　　⑤　AとC　　⑥　BとC　　⑦　AとBとC

（2014年センター試験政治・経済本試）

2　内閣総理大臣がリーダーシップを発揮するために定められている現在の日本の制度についての記述として誤っているものを，次の①～④のうちから一つ選べ。

①　内閣総理大臣は，国務大臣の任免を通じて，内閣の一体性を維持することができる。

②　内閣総理大臣は閣議を主宰する権限を有する。

③　内閣総理大臣は，同輩中の主席という地位を有する。

④　内閣総理大臣は，閣議で決定した方針に基づいて，行政各部を指揮監督することができる。

（2011年センター試験政治・経済追試）

3　日本の司法制度に関する記述のうち，司法権の独立を保障する制度に当てはまる記述として最も適当なものを，次の①～④のうちから一つ選べ。

①　有罪判決の確定後に裁判における事実認定に重大な誤りが判明した場合，裁判をやり直すための再審制度が設けられている。

②　行政機関による裁判官の懲戒は禁止されている。

③　裁判は原則として公開の法廷で行われる。

④　実行の時に適法であった行為について，事後に制定された法により刑事上の責任を問うことは禁止されている。

（2016年センター試験政治・経済追試）

4　生徒Xと生徒Yは，地方分権一括法に関する資料をみながら会話をしている。次の会話文中の空欄　ア　～　ウ　に当てはまる語句の組合せとして最も適当なものを，後の①～⑧のうちから一つ選べ。

X：この時の地方分権改革で，国と地方自治体の関係を　ア　の関係としたんだね。

Y：　ア　の関係にするため，機関委任事務制度の廃止が行われたんだよね。たとえば，都市計画の決定は，　イ　とされたんだよね。

X：　ア　の関係だとして，地方自治体に対する国の関与をめぐって，国と地方自治体の考え方が対立することはないのかな。

Y：実際あるんだよ。新聞で読んだけど，地方自治法上の国の関与について不服があるとき，地方自治体は，　ウ　に審査の申出ができるよ。申出があったら，　ウ　が審査し，国の機関に勧告することもあるんだって。ふるさと納税制度をめぐる対立でも利用されたよ。

① ア　対等・協力　イ　法定受託事務　ウ　国地方係争処理委員会
② ア　対等・協力　イ　法定受託事務　ウ　地方裁判所
③ ア　対等・協力　イ　自治事務　ウ　国地方係争処理委員会
④ ア　対等・協力　イ　自治事務　ウ　地方裁判所
⑤ ア　上下・主従　イ　法定受託事務　ウ　国地方係争処理委員会
⑥ ア　上下・主従　イ　法定受託事務　ウ　地方裁判所
⑦ ア　上下・主従　イ　自治事務　ウ　国地方係争処理委員会
⑧ ア　上下・主従　イ　自治事務　ウ　地方裁判所

（2022年大学入学共通テスト政治・経済本試）

⑤　**Skill up**　教科書p.68〜69を見て以下の問に答えなさい。

問1　教科書p.68①「都道府県別の高齢化率」　以下の文章を完成させなさい。

日本の高齢化の速度は他国に例をみないほど速い。2019年時点で高齢化率が26％未満の都道府県は，（ア　　　　　　），（イ　　　　　　　　），（ウ　　　　　　　　）のわずか3つとなっている。また，高齢化率の高い県と人口増減には相関関係がみられ，（エ　　東北　・　近畿　）地方のように，高齢化率が32％をこえる県が多い地方は，人口の減少幅も大きい傾向がある。こうしたことは，共同生活すら困難になる自治体が増加することにつながり，住民減で崩壊に瀕する集落，いわゆる（オ　　　　　　）も急増している。

問2　教科書p.69⑦「地方議会議員の性別構成と年齢構成」　このグラフを見てわかること，その問題点を性別・年齢のバランスなどから考えてみよう。また，この問題を解決するにはどうすればよいか考えてみよう。

問3　教科書p.69　◄ exercise　の答え

1 戦後政治の歩み

教科書　p.70〜73

▌政党政治

・〔①　　　　　　　〕…共通の政治的主張によって集まり，権力の獲得をめざす集団

　→政策や**マニフェスト**を掲げて，政権獲得をめざす

【政党政治のタイプ】

政党政治…政党を基軸におこなわれる政治

・一党制…政党が一つ

・〔②　　　　　　　　　〕…二つの有力な政党が対抗（アメリカなど）

・〔③　　　　　　　　　〕…三つ以上の有力政党が競争（フランス，イタリアなど）

【政党の役割】

政党…本来，〔④　　　　　　〕利益を意味する

→社会の多様な利益を集約化するために存在

▌戦後政治の出発

【初期の政党政治】

戦後の日本政治…連合国による占領と民主改革

初期の政党政治…吉田茂を党首とする〔⑤　　　　　　　　〕が優位

占領終了後…憲法改正を求める声の高まり

　→日本社会党，日本共産党などが憲法擁護運動

　　→保守と革新の対立

1955年	社会党の再統一，自由党と日本民主党が合同（保守合同） →〔⑥　　　　　　　　　　〕の成立…保守政党と革新政党が保守優位のもとで対抗しあう→自民党が政権維持
1960年	安保改定（岸内閣） →大きな反対運動（〔⑦　　　　　　　　　〕）により，岸内閣は退陣

▌高度経済成長と革新自治体

1960年代…〔⑧　　　　　　　　　　　〕

　　　　　→共産党，公明党などが支持を広げるも，自民党の**一党優位体制**が続く

1960年代後半…公害や都市問題の深刻化

　　　　　→〔⑨　　　　　　　　〕の広がり

　　　　　→1971年の統一地方選挙で，社会党や共産党の支持を受けた候補者が当選，〔⑩　　　　　　　　　　〕が誕生

▌保守政治の転換

・田中内閣の「日本列島改造論」…地価・物価の高騰を招く

・ロッキード事件による田中前首相の逮捕

　→保守政治の崩壊の危機

　　⇔石油危機後の不況により，革新自治体も財政危機

》》利益誘導型の政治
1988年のリクルート事件や1992年の佐川急便事件など，政治家に対する個人や団体の金銭の提供をめぐるスキャンダルが続いた。（→圏p.72❶）

》》政治資金規正法の改正
政治家に関連する政治団体を届け出させ，政治献金や資金パーティー券の購入に制限を設けるとともに，資金の収支報告書の公開が義務づけられた。（→圏p.72❷）

政治改革の時代

1993年：非自民連立政権（細川内閣成立）

→〔⑪　　　　　　　　　　　　　　　〕の導入，政治資金規正法の改正，〔⑫
　　　　　　　〕の制定などの政治改革

2000年以降：自民党と民主党の二大政党制へ向かう

　　　　→2012年以降の総選挙で自民党が4連勝，二大政党制の実現は遠のく

〉〉〉〔⑫〕の制定
政党の活動を助成するために，一定の条件を満たした政党に国庫から資金（政党交付金）が交付されるようになった。交付金は，国会議員数の割合や得票率によって各党に配分される。（→囷p.72❸）

正誤問題　次の文が正しい場合には○，誤っている場合には×を（　）に記入しなさい。

1．イギリスやアメリカなどにみられる一党制では，政権が安定するとともに，国民の多様な意見も反映される。（　　　　）

2．55年体制とは，自由民主党と社会党が対抗しあう体制であるが，政権は1955年から38年間，自由民主党が担当した。（　　　　）

3．政治資金規正法は，政治家個人が企業団体献金を受けることを認めている。（　　　　）

4．2015年以降は政党の分裂がない。（　　　　）

〔Work〕　① 政党はなぜ必要か。次の文章にあてはまる語句を入れなさい。

・社会の〔ア　　　　　　　　　　〕を集約化するため。

・〔イ　　　　　　　〕を養成し，政府を担う人材を輩出するため。

② 55年体制に関連して，戦後の日本政治についての記述として最も適当なものを，次の①〜④のうちから一つ選べ。

① 社会党の再統一と保守合同による自民党の結成以降，55年体制が形成され，自民党と社会党の二大政党が政権交代を繰り返した。

② 中選挙区制の下では，同一選挙区内で同一政党の候補者が複数立候補することはないので，政党・政策中心の選挙が行われた。

③ 政治改革を求める世論を背景として細川連立政権が誕生した翌年に，衆議院議員選挙に，小選挙区比例代表並立制が導入された。

④ 自民党は細川連立政権崩壊以後で政権の座にあった時期，他の政党と連立を組んだことはなく，単独政権を維持し続けた。

（2012年センター試験政治・経済追試）

◀exercise　55年体制の終了前と後で政党の対立軸はどのように変化したのか，80字程度でまとめてみよう。

20
40
60
80

2 選挙制度

選挙のしくみ

・選挙…主権者としての国民が代表者を選ぶことで意思表示をする場

　　→選挙のしくみで民主政治のあり方が決まる

【現在の選挙の原則】

・〔①　　　　　　　　〕…一定の年齢に達した国民に選挙権・被選挙権を認める

・〔②　　　　　　　　〕…選挙人の投票の価値を平等に扱う

・〔③　　　　　　　　〕…投票の自由を保障するため，投票の秘密を守る

》》》**国民投票法**
2007年に成立し，憲法改正に関する国民投票の投票権年齢を18歳とした。

【選挙制度の種類】

・**個人代表制**…候補者個人に投票

・〔④　　　　　　　　〕

> 選出方法：政党に投票し，各政党の得票率に応じて議席数を配分
> 特徴：多様な意見が政治に反映されやすい，小党分立や〔⑤
> 　　　〕となりやすい

・〔⑥　　　　　　　　〕

》》》**重複立候補制**
小選挙区の立候補者が同時に比例区の名簿登載者になることができる制度。小選挙区で落選した場合でも，小選挙区での得票数の最多得票者の得票数に対する割合(惜敗率)が高い順に当選することができる。
(→圏p.75❶)

> 選出方法：1つの選挙区から1名の代表者を選出
> 特徴：二大政党型の安定政治が可能。〔⑦　　　　　　〕が多くなる，大政党に有利

・〔⑧　　　　　　　　〕

> 選出方法：1つの選挙区から2名以上の代表者を選出
> 特徴：〔⑦〕が少ない，小政党からも代表者を出せる

》》》**アダムズ方式**
都道府県の人口比率がより強く反映される議席配分方法。(→圏p.76❶)

日本の選挙制度と課題

・衆議院議員選挙…戦後は**中選挙区制**

　　→1994年〜〔④〕＋〔⑥〕＝〔⑨　　　　　　　　　　　　〕

・参議院議員選挙…〔⑩　　　　　　　　　　　　　　〕＆選挙区選挙

・議員定数の不均衡…各選挙区の議員定数と有権者数の比率の不均衡

　　→投票価値の平等原則に反するとして違憲判決も

【選挙運動のルール】

》》》**〔⑫〕**
1994年の改正で，連座対象に，秘書や組織的選挙運動管理者が加えられ，その選挙区からの立候補が5年間制限されることとなった。(→圏p.76❷)

・〔⑪　　　　　　　　〕，事前運動の禁止，文書配布の制限

　　→インターネットを使った選挙運動が一部解禁

・〔⑫　　　　　　〕による規制

> 候補者の関係者が選挙犯罪で刑に処せられた場合，候補者にも当選無効などの連帯責任が生じる制度

・政治資金規正…企業・団体献金の規制強化，**政党助成**の導入

　　　　　　　→抜け穴も多く残る

【参政権の範囲】

諸外国はさらに参政権の範囲を広げる

・定住外国人への地方参政権付与

・選挙権年齢の引き下げ

→日本でも18歳以上の男女に選挙権が認められた

[Work] 教科書p.74■「選挙制度の特色」を参考にして，次の表のa～fに適する語句を，解答欄に記入しなさい。

	長所	短所
大選挙区	1.少数意見の反映 2.死票が　a 3.広い範囲から代表選出が可能	1.　b　による政局不安定をまねきやすい 2.多額の選挙費用が必要 3.有権者と候補者との関係が希薄
中選挙区	1.大選挙区制の一種で小選挙区制と大選挙区制の両者の長所をもつといわれる	1.同一政党内でのどうしうちをうみ，　c　を発生させやすい
小選挙区	1.有権者が候補者をよく知ることができる 2.選挙費用が少額ですむ 3.一般に　e　型の安定政治が可能	1.死票が多く　d　に有利 2.買収，供応などの不正がおこなわれやすい 3.地域的な利害にとらわれやすい
f	1.死票が少ない 2.得票数に応じた公平な議席配分が可能	1.小党乱立による政局不安定をまねきやすい

a	
b	
c	
d	
e	
f	

[Check! 資料読解] 教科書p.76■「1票の価値」の推移と最高裁判所の判決　1票の価値について説明した文で，正しいものを選びなさい。

① 最高裁は「1票の格差」訴訟で違憲判決を出したことがない。

② 参議院での違憲状態判決は格差が5倍以上の場合でしか出ていない。

③ 衆議院での違憲判決は2000年以降でも多くみられる。

④ 参議院のほうが1票の価値の格差は大きい。

◀ exercise　民意をより反映させるためにはどのような選挙制度改革が必要か，100字程度でまとめてみよう。

3 政治参加と世論

〉〉〉ロビイング
[①]や市民団体が議会外で政策決定に影響を与える活動をさし，それをおこなう者をロビイストという。アメリカでは，ロビー活動をする場合には，ロビイストとしての登録をしなければならない。

▍利益集団と大衆運動

・[①　　　　　　　　　]…経営者団体や職業団体など，共通の利害のもとに組織された利益集団

・[②　　　　　　　　　]…より広い階層の意見・信条・利益や，特定の社会問題について，社会や政治に訴える

　→近年は，特定の問題だけについて活動する[③　　　　　　　　　]が増加

▍情報化時代のメディアと世論

・[④　　　　　　　]…公的なことがらに関する人々の意見

　←新聞やテレビなどの[⑤　　　　　　　　　]や，ソーシャル・ネットワーキング・サービス（[⑥　　　　　　　]）が世論形成に大きな影響を及ぼす

【どのように情報と向き合うか】

・報道の仕方によって，情報の与える印象は大きくことなる

　→複数の報道機関による報道を比較・検討することが重要

・SNSでは虚偽の情報（[⑦　　　　　　　　　]）の拡散に加担しないためにも，情報源を確認，明示することが不可欠

▍政治参加の停滞と新たな可能性

【近年の問題】

・投票率の低下 ・支持政党のない 　[⑧　　　　　]の 　増加		・政治的無関心や政党離れの拡大 ・有権者と政党の結びつきが弱まった ・多くの国民が投票の効果に限界を感じている

【政治参加の停滞を打破する新たな可能性】

・市民活動，ボランティア活動，住民投票，インターネットを通じた情報の受発信

▍政治への多様な参加方法

【政治参加の方法】

・[⑨　　　　　　]，署名活動，政治家への陳情など

・SNSによる政治参加の拡大によって，各党の政策を比較，評価する活動も

　→党の公約に若者の声を反映させようとする活動も活発化

▍市民社会とガバナンス

・NPO…福祉，保健，街づくりなどの分野で，営利を目的とせず，公益の実現をめざして活動する団体

1998年

[⑩　　　　　　　　　　　　　　　　　　　　]の成立

　→NPOに法人格を認めて，その活動を支援することが目的

政府と市民団体が協働して公共政策を作り実施する〔⑪　　　　　　　　　〕が
これまで以上に必要

〔Work〕「政治的無関心の広がりは民主主義にとって好ましいことではない」という考え方がある。この考え方に従った場合，とるべき態度として最も適当なものを，次の①～④のうちから一つ選びなさい。

① 圧力団体は，世論操作を通じて自らの利益を追求するだけの存在なので，かかわるべきではない。
② 署名運動やデモ行進，請願・陳情は，選挙以外で民意を示すための手段の一つになりうる。
③ マス・メディアの情報は虚偽（フェイクニュース）が多いので，新聞以外を信用してはならない。
④ 選挙で自分の投票したい候補者がいないので，投票を棄権することにした。

Check! 資料読解 ① 教科書 p.78 ②「国政選挙における投票率の推移」 投票率が高いときに何が起きているか。教科書 p.73 ②「衆議院議員総選挙における政党別議席数の割合の推移」を見て考えてみよう。

② 教科書 p.80「国政選挙における年代別投票率の推移」 このグラフを見てわかること，何が問題かを考えてみよう。

exercise 選挙以外の政治参加の方法について，具体的な社会的課題を想定したうえで，どのような行動が有効か話しあってみよう。

Skill up 教科書 p.81 **exercise** の答え

Check ✓ 重要用語

1. 戦後政治の歩み

❶共通の政治的主張によって集まり，権力の獲得をめざす集団。　❶

❷アメリカのように2つの有力な政党が対抗するタイプの政党政治。　❷

❸選挙の際に，政党が掲げる公約。　❸

❹1955年以降，保守政党と革新政党が保守優位のもとで対抗しあった体制。　❹

❺1960年，岸内閣が日米安全保障条約の改定を強行した。これに対しておこった大きな反対運動。　❺

❻1976年，田中前首相が逮捕された，米国の航空機会社の航空機売り込みに関係する贈収賄事件。　❻

❼1993年の総選挙で自民党が衆議院で過半数を失った。その後，非自民8党派の連立政権が成立し，発足した内閣。　❼

❽1994年の政治改革で，各政党への助成金が一定基準で国庫から出されるようになった。そのときに制定された法律は何か。　❽

❾2009年の総選挙で政権交代を果たした政党。　❾

2. 選挙制度

❿一定の年齢に達した国民すべてに選挙権・被選挙権を認める選挙の原則。　❿

⓫個人代表制のうち選挙区の議員定数を1名とする制度。　⓫

⓬1994年に公職選挙法が改正され，衆議院議員選挙に導入された選挙制度。　⓬

⓭二大政党制は政局の安定や，円滑な政権交代を可能にする一方，落選者に投じられ，議席に結びつかない票も多くなる。このような票を何というか。　⓭

⓮衆議院議員選挙で，小選挙区の立候補者が同時に比例区の名簿登載者になることができる制度。　⓮

⓯参議院議員選挙において，政党名と個人名を合計した得票率に比例し，そのなかの個人の得票順により当選者が決まる制度。　⓯

⓰選挙運動の総括主宰者，出納責任者などが選挙犯罪で罰せられた際，候補者の当選が無効になる制度。　⓰

⓱投票は選挙期日に投票所でおこなうのが原則だが，選挙期日前にも同じように投票することができる制度。　⓱

3. 政治参加と世論

⓲経営者団体や職業団体など，共通の利害のもとに組織された集団。　⓲

⓳労働運動，平和運動などよりひろい階層の意見・信条・利益や，特定の社会問題について社会や政治に訴え，世論形成をはかろうとする運動。　⓳

⓴公的なことがらに関する人々の意見。　⓴

㉑支持する政党のない層。　㉑

㉒営利を目的とせず，公益の実現をめざして活動する団体に法人格を認め，その活動を支援することを目的に，1998年に成立した法律。　㉒

㉓政府と市民団体の協力により，公共政策を作り実施する営み。　㉓

演習問題

1 **55年体制に関連する記述として最も適当なものを，次の①～④のうちから一つ選べ。**

① 55年体制は，自民党を離党した議員が社会党を結成したことを契機に確立された体制である。

② 55年体制は，自民党と社会党の二つの大政党と民主党などの多数の小政党から構成される多党制として特徴づけられる。

③ 55年体制崩壊直後の衆議院では，自民党が最も多くの議員を擁する第一党であった。

④ 55年体制崩壊直後に成立した政権は，消費税率引上げを柱とする税制改革を実施した。

（2007年センター試験政治・経済追試）

2 **自民党一党優位体制に関連する記述として最も適当なものを，次の①～④のうちから一つ選べ。**

① 55年体制が成立した当時は自民党と社会党による二大政党制であったが，1950年代末には野党の多党化が進行した。

② 1970年代には，与野党の勢力がほぼ均衡する伯仲時代を迎え，その状況は1980年代末まで続いた。

③ 自民党では，党内改革をめぐる不満はあったものの，国会議員が離党して新党を結成した例はみられなかった。

④ ロッキード事件，リクルート事件など構造汚職と呼ばれる事件が起こり，長期政権の下で進行した政・官・財の癒着が問題となった。

（2001年センター試験政治・経済本試）

3 **選挙制度の一つとして小選挙区制がある。ある議会の定員は5人であり，各議員はこの選挙制度で選出されるとする。この議会の選挙において，三つの政党A～Cが五つの選挙区ア～オで，それぞれ1人の候補者を立てた。次の表は，その選挙での各候補者の得票数を示したものである。この選挙結果についての記述として正しいものを，次ページの①～④のうちから一つ選べ。**

選挙区	得票数			計
	A党	B党	C党	
ア	45	30	25	100
イ	10	70	20	100
ウ	40	30	30	100
エ	10	50	40	100
オ	40	25	35	100
計	145	205	150	500

① 得票数の合計が最も少ない政党は、獲得した議席数が最も少ない。

② B党の候補者の惜敗率（当選者の得票数に対するB党の候補者の得票数の割合）が50パーセント未満である選挙区はない。

③ C党の候補者の惜敗率（当選者の得票数に対するC党の候補者の得票数の割合）が50パーセント以上である選挙区はない。

④ 得票数の合計が最も多い政党は、死票の合計が最も多い。

（2018年センター試験政治・経済追試）

4　教科書p.81　**Skill up**　に関連して、次の問いに答えなさい。

問　次の文章はある思想家が書いた本の一節である。この文章から読みとれる考え方は、下の①〜④のうちのどれに近いか。最も適当なものを一つ選べ。

「主権は譲渡されえない。同じ理由から、主権は代表されえない。（中略）だから人民の代議士は人民の代表ではないし、人民の代表にはなることはできない。代議士は人民の代理人にすぎないのである。代議士が最終的な決定を下すことはできないのだ。人民がみずから出席して承認していない法律は、すべて無効であり、それはそもそも法律ではないのである。イギリスの人民はみずからを自由だと考えているが、それは大きな思い違いである。自由なのは、議会の議員を選挙するあいだだけであり、議員の選挙が終われば人民はもはや奴隷であり、無に等しいものになる。人民が自由であるこの短い期間に、自由がどのように行使されているかをみれば、［イギリスの人民が］自由を失うのも当然と思われてくるのである。」

a　国民は主権者なので、国政上の重要な事項について、慎重に議論をしたうえで、投票を行うことによって、国民が国家の意思決定に直接参加するのが民主主義だ。

b　国民は主権者であるが、すべての国民が実際に直接、政治に参加することは困難なことから、国民が選んだ代表者を通じて国家の意思決定を行うのが民主主義だ。

c　国政の重要な事項は国民全員に関わるものなので、主権者である国民が決めるのであれ、国民の代表者が決めるのであれ、全員またはできるだけ全員に近い人の賛成を得て決めるのが民主主義だ。

d　国政の重要な事項は国民全員に関わるものであるが、主権者である国民が決めるのであれ、国民の代表者が決めるのであれ、全員の意見が一致することはありえないのだから、過半数の賛成によって決めるのが民主主義だ。

（2018年大学入学共通テスト試行調査政治・経済）

①　a　　②　b　　③　c　　④　d

1 経済活動の意義

▌経済活動とは何か

【経済活動】

　生産…[①　　　　　　　　　](資本・労働力・土地)を用いて生活に必要な財
　　　　とサービスをつくりだす行為

　消費…財・サービスを購入し，生活の必要性や欲求を満たす行為

　[②　　　　　　　]…財・サービスを交換し，売買を通じて価格を決定する場

▌経済活動の意義

【❶生産要素の希少性】

・資源＜私たちが必要とする量

　→生産要素は[③　　　　　　]をもつ

…生産と消費において，何を採用し，何をあきらめるかという選択をおこなう

　生産者の目的…利潤の最大化

　消費者の目的…自らの[④　　　　　]を最大化

　　　　　　　　→「何を」「どれだけ」購入するかを決定

【❷経済活動における選択】

…かぎられた資源のなかで最大の効用を得るように行動する

[⑤　　　　　　　　　]…どれかを採用すれば，どれかをあきらめざるを得
　　　　　　　　　　　　ない関係

[⑥　　　　　　]…複数の選択肢から選択をおこなう際に，選ばなかった
　　　　　　　　　選択肢が与えてくれたであろう利益のうち最大のもの

▌経済の基本問題

【❶効率性と公平性の考え方】

[⑦　　　　　　]…資源を無駄なく利用しているかどうかを判定する尺度

[⑧　　　　　　]…異なる立場にある個人や企業が，立場に応じて等しく扱われる

【❷インセンティブ】

[⑨　　　　　　　　]…ある行動をとる誘因のこと

(例)仕事の成果に連動して賃金が支給

　　→勤労意欲の向上という[⑨]がはたらく

>>>財・サービス
両者とも，人間の必要性や欲求を満たすために生産され，消費されるが，財が有形であるのに対して，サービスは無形だという違いがある。(→教p.82❶)

◀ exercise ▶　　１　３時間の空き時間があったＡさんは，時給1000円のアルバイトを3時間おこなうか，友人とチケット代が3500円のコンサートに行くかを検討していたが，自分の部屋で読書をすることにした。このときの機会費用はいくらと考えられるか。

　　２　財を次のように配分した場合，効率性と公平性はどう対立するのか，考えてみよう。

①高値で購入する人に多く配分　　②すべての人に等しく配分

2　経済社会の形成と変容

教科書　p.85〜88

【経済体制】

市場経済	計画経済
…生産者も消費者も自由意思で行動	…政府が生産者に何をどれだけつくるか指令
→社会全体の資源配分の調整を市場に委ねる	…政府が社会全体の資源配分を調整
…[①　　　　　　　　　]ともいう	…[②　　　　　　　　　]に相当

世界の多くの国で，資本主義が採用されている

資本主義経済の成立

【資本主義経済の成立と発展】

18世紀後半　産業革命を通じてイギリスで確立

[③　　　　　　　　　　　　　]「市場での自由競争によって経済が調整され，結果的に富が増えていく」＝「見えざる手」によって導かれる

…この段階の資本主義を，自由競争的資本主義や産業資本主義という

…[④　　　　　　　　　　　　](レッセ・フェール)や「小さな政府」の考え方が19世紀の資本主義の基本原理

資本主義経済の問題点

❶[⑤　　　　　　]の発生

　　…ほぼ10年おきに発生→多くの失業と貧困が生み出される

❷社会階層間の格差が固定

　　…貧困から抜け出るのがむずかしい

❸独占化・寡占化が進行

　　…技術革新により，重化学工業が発達

　　　　→企業の規模が拡大し，資本が集積・集中する

　　この段階以降の資本主義を[⑥　　　　　　　　　]ともいう

資本主義の修正と混合経済体制

【恐慌の発生と対処】

1929年：世界恐慌…大量の失業者の発生

　　　　→アメリカのローズベルトは[⑦　　　　　　　　　　　　　]によって景気回復を試みる

・経済学者[⑧　　　　　　　　　]…政府は積極的に経済に介入すべきだと主張

　　→有効需要が拡大し，景気回復

・自由放任主義にかわる，政府介入による[⑨　　　　　　　　　]の成立

　　→政府の経済規模が拡大(「大きな政府」)，[⑩　　　　　　　]体制が成立

〉〉〉技術革新
オーストリア出身の経済学者シュンペーター(1883〜1950)は，新製品の開発や新たな生産方式の導入などのイノベーションこそが資本主義経済発展の原動力であると説いた。
(→教p.86❶)

〉〉〉〔⑦〕
TVA(テネシー川流域開発公社)などの公共事業や社会保障など，政府の積極的関与によってアメリカ経済の復興をはかった。

〉〉〉有効需要
単なる欲望ではなく金銭的な支出をともなった欲望，つまり物を買うための貨幣支出の需要をいう。また，社会全体の経済活動の水準は需要の大きさによって決まるとするケインズの考え方を，有効需要の原理という。(→教p.86❸)

〉〉〉〔⑩〕体制
民間部門と政府部門の両方からなる経済システム。国民経済に占める政府規模が大きくなり，税制や社会保障による所得再分配など，政府の果たす役割が大きい(→教p.87❶)

新自由主義の台頭とその見直し

1960〜 70年代	・石油危機の発生 →[⑪　　　　　　　　　　　]の発生 フリードマン：ケインズ理論を批判，[⑫　　　　　　　]が物価安定には有効
1980年代	・アメリカの[⑬　　　　　　　　　]政権やイギリスのサッチャー政権による[⑭　　　　　　　　] …規制緩和や国営企業の民営化など「小さな政府」をめざす
1989年〜	・冷戦が終結し，市場経済が世界全体に広まる →ヒト・モノ・カネ・情報が国境をこえて自由に行き交う経済の[⑮　　　　　　　　　](グローバリゼーション)が進展

「小さな政府」は「夜警国家」，「大きな政府」は「福祉国家」とも呼ばれる。

社会主義経済の成立と崩壊

・ドイツの経済学者マルクス…社会主義に基づく計画経済への移行

　→計画経済は機能せず，ソ連では1980年代後半に改革([⑯　　　　　　　])が試みられたが，1991年に解体

・中国は，[⑰　　　　　　　　　　]のスローガンのもと，経済特区を設けて外国資本を導入するなど，[⑱　　　　　　　　]政策を進めた

Check! 資料読解　　1　教科書p.88**3**「資本主義と社会主義の変遷」及び教科書本文を参考にして，次の各文は下の①〜④の経済のどの段階の説明文となるか答えなさい。また，その各段階が，効率を重視する経済(考え方)の場合はAを，平等を重視する経済(考え方)の場合はBを書きなさい。

　①1970年代以降の財政赤字に対し，民営化や規制緩和を唱え「小さな政府」を求めた。

　②マルクスが貧富の格差や恐慌に資本主義の矛盾を見出し，これにかわる政治経済思想として提唱した。

　③18世紀から19世紀にかけての資本主義であり，市場による調整や自由放任主義を特徴とする。

　④それまでの自由放任主義を改め，政府の政策的介入による景気と雇用の安定化をはかる考え方。

	説明文	考え方
産業資本主義		
修正資本主義		
新自由主義		
社会主義経済		

◀ exercise　資本主義経済の歩みにおける効率性と公平性の考え方の変遷を，80字程度でまとめてみよう。

											20
											40
											60
											80

1 市場機構

教科書　p.90〜94

■ 経済主体

経済主体…経済活動を実際おこなう主体

・〔①　　　　　　　〕…労働力，資本，土地を企業に〔②　　　　　　　　　〕として提
供し，**賃金，利子，地代**を得て，企業から財・サービスを購入

・〔③　　　　　　　〕…土地，資本，労働力を組み合わせて生産活動をおこなう

・〔④　　　　　　　〕…家計や企業に租税を課し，〔⑤　　　　　　　〕を供給

〉〉〉〔①〕
家庭に代表される，生計を
営む最小の経済主体(単身
者も含まれる)。
(→教p.90❷)

■ 市場メカニズム

市場 …財とサービスを取引する場所

需要(Demand)…ある価格のもとで消費者が購入したいと考える量

供給(Supply)…ある価格のもとで生産者が生産したいと考える量

〔⑥　　　　　　　　　　　　　　　〕…需要と供給を一致させて，**価格**と数量を決定する

→一致しなければ，価格が上昇，下降し，両者を一致させる(〔⑦
　　　　　　　　　　　　　　〕)

→このときの価格を〔⑧　　　　　　　　　〕とよぶ

■ 資源の効率的配分

市場の働きによって生産者と消費者に，財とサービスの過不足情報が提供され
る→結果として，資源の効率的配分が達成される

■ 市場の失敗

【❶独占・寡占】

〔⑨　　　　　　　〕…製品・サービスの供給が1社だけで，その企業が市場で価格
を支配する力をもつ

〔⑩　　　　　　　〕…製品・サービスの供給が複数企業にしぼられ，協調によって
価格を決められる状態(管理価格)

…最有力企業が〔⑪　　　　　　　　　　　　　〕(価格先導者)になり，他企業が
その価格に合わせる

…企業どうしで取り決めを結び，結びつきを強めていく

〔⑫　　　　　　〕	独立した企業どうしが，市場を独占的に支配し ようとして価格や生産量について協定を結ぶ
〔⑬　　　　　　〕	企業どうしが合併などによって一体化し，独占 的な支配力を得ようとするもの
〔⑭　　　　　　〕	複数の企業が融資関係や人員派遣を通じて結合 し，多くの産業を支配しようとするもの

価格は下落しにくくなる傾向がある(価格の〔⑮　　　　　　　　　〕)

・独占・寡占は〔⑯　　　　　　　〕で規制(〔⑰　　　　　　　　　　　〕が
運用)

・デザインやアフターサービスなどの製品の差別化による，価格以外での競争
(〔⑱　　　　　　　　　　〕)が激化→消費者が不利益を被ることも

〉〉〉〔⑯〕
1947年に制定された。
1997年には**持株会社の解
禁**，1999年には1953年以
来認められてきた不況カル
テル・合理化カルテルの再
度禁止，2005年には課徴
金の引き上げなどの改正が
おこなわれた。
(→教p.93❷)

【❷規模の経済性】

・電気，ガス，水道などの産業では，規模が拡大するほど，生産費用(単価)が低下する

…規模の拡大による競争力をつけた企業が独占しやすい

→公益性が高いので，地域独占を認めるかわりに政府による許認可などで価格をコントロール

【❸外部経済・外部不経済】

〔⑲　　　　　　　　　〕…隣家の花壇など対価を払わず，人々の目を楽しませ，生活を豊かにするもの

→補助金を出して奨励することもある

〔⑳　　　　　　　　　〕…環境破壊など他の経済活動から生産や生活が悪影響を受ける場合

→法的規制や課税などで抑制

【❹公共財】

〔㉑　　　　　　　〕…道路や公園，社会保障など

非競合性…同時に多くの人が利用

非排除性…料金(税金)を払っていない人を排除できない

…民間企業は供給しないので，租税を財源に政府が供給する

>>>情報の非対称性
売り手と買い手の間で，一方はその商品やサービスのことをよく知っているが，他方はあまり知らないとき，情報の非対称性が存在しているという。

正誤問題　　次の文が正しい場合には○，誤っている場合には×を( )に記入しなさい。

1．米のような生活必需品の需要曲線の傾きはゆるやかになる。　　　(　　)

2．企業同士で価格が下がらないように取り決めなどする行為をトラストといい，独占禁止法で禁止されている。　　　(　　)

3．プライスリーダーが出て価格競争が回避されるようになると，広告・宣伝・サービスなどの非価格競争が強化される。　　　(　　)

Work　公共財は，非競合性と非排除性とを有している財・サービスと定義される。非競合性についての記述として最も適当なものを，次の①〜④のうちから一つ選べ。

(2016年センター試験政治・経済本試)

①他の人々の消費を減らすことなく複数の人々が同時に消費できる。

②需要が減少しても価格が下がらない。

③対価を支払わない人によっても消費される。

④生産を拡大すればするほど単位当たりの生産費用が低下する。

◀**exercise**　市場の寡占化や外部不経済の発生にはどのような問題があるか，効率性と公平性の観点から60字程度でまとめてみよう。

																			20
																			40
																			60

2　現代の企業

教科書　p.95～98

多様な企業形態

【企業の分類】

・公企業…国や地方公共団体が資金を出して運営

・私企業…個人や私的な団体が資金を出して運営

　→このうち，〔①　　　　　　　〕に基づいて設立された法人が<u>会社</u>

　・〔②　　　　　　　〕，合同会社，〔③　　　　　　　〕，合名会社の4種
　　類

株式会社

【株式会社の資金調達】

・〔④　　　　　　　〕の発行→広く一般投資家から出資を受ける

> <u>株主の権利</u>
> ・会社の意思決定における議決権をもつ
> ・出資額に応じて〔⑤　　　　　〕を受け取る
> <u>株主の責任</u>
> ・出資額を限度とした負債を負う（〔⑥　　　　　　　〕）

【現代の株式会社】

〔⑦　　　　　　　　　　　　　　〕…株をほとんど所有しない経営者が実権を握る

【株式会社の目的】

・事業を通じた<u>利潤</u>の追求

> ＝企業の売上高－人件費－原材料費－減価償却費など

〔⑧　　　　　　　　〕…利潤から株主への配当を支払った残り

→企業の成長のため

　・設備投資や研究開発（R&D）などへの投資

　・合併・買収（〔⑨　　　　　　　〕），事業再構築（〔⑩　　　　
　　　　　〕）などの資金

　　＊内部資金だけでは足りず，外部資金にもたよる

〔⑪　　　　　　　〕…株式など／返済義務なし

〔⑫　　　　　　　〕…社債や金融機関からの借り入れ／返済義務あり

企業は誰のものか

【企業は株主のものという考え】＝〔⑬　　　　　　　　〕

目的…高配当の維持や〔⑭　　　　　　　　　　〕の実現など株主価値の最
　　　大化が重要

課題…企業情報の開示（ディスクロージャー）や社外取締役などの採用

…企業統治（〔⑮　　　　　　　　　　　　　〕）の強化

〉〉〉〔①〕
それまでの会社関連の法規を整理統合し，はじめて〔①〕の名で制定された（2005年）。会社設立を容易にし，経営の機動性・柔軟性を確保する一方で，企業統治については強化を求めている。（→教p.95❶）

〉〉〉**減価償却費**
建物や機械などの生産設備は耐用年数が過ぎれば更新されるが，生産者がこの費用を一定期間の各期に割り振ったものを企業会計では減価償却費という。（→教p.96❶）

〉〉〉〔⑭〕
株価など資産価値の値上がりによって得られる利益のこと（→教p.97❶）

【企業は利害関係者のものという考え】

利害関係者([⑯   ])…株主，経営者，社員，消費者，地域住民など

目的…企業の社会的責任([⑰   ])を果たす

> (例)法令遵守([⑱   ])
>
> 慈善行為(フィランソロピー)や芸術・文化支援(メセナ)などの社会貢献

現代企業の統治機構

【近年の問題】

…組織的な違法行為や不祥事をいかに防ぐか

→説明責任([⑲   ])の強化，迅速かつ適切な情報の開示，透明性の確保

【企業統治改革】

かつての日本企業 …銀行との深い関係，銀行によるチェック機能

これからの企業…株主による統治を基本とする

正誤問題 /// 次の文が正しい場合には○，誤っている場合には×を( )に記入しなさい。

1．株式会社の株主は，会社が倒産した場合，その出資金を失うだけで，それ以上の負債を負う義務はない(有限責任)。　　( )

2．株式会社では，株主が株主総会で専門の経営者(取締役)を選出し経営を委託するので，「所有と経営の分離」は存在しない。　　( )

3．持ち株の比率が50%を超えると株主総会での特別決議ができる。　　( )

◀ **exercise** 企業が社会的責任を果たす必要があるのはなぜだと考えられるか，企業・株主・利害関係者の立場から，それぞれ50字程度でまとめてみよう。

企業

株主

利害関係者

3 国民所得と経済成長

教科書　p.100〜106

▌国民経済の規模を示す指標

【ストックとフロー】

・[① 　　　　　　　]…これまでの経済活動によってどれだけの量の富が蓄えられているかをあらわすもの

　[② 　　　　　　]…有形資産と対外純資産の合計

> 有形資産
>
> 　[③ 　　　　　　　]…道路や上下水道など，政府が整備
>
> 　私的資本…民間企業が自己のために所有して使用
>
> 対外純資産…一国の政府・企業・個人が外国に保有している資産から，
> 　　　　　　　外国が国内に保有している資産を差し引いたもの

・[④ 　　　　　　　]…GDPのように，ある一定期間内でどれだけの経済活動がおこなわれたかをあらわすもの

▌国内総生産と国民所得

・[⑤ 　　　　　　]（国内総生産）

　＝（国内で1年間に新しく生み出された財・サービスの総量）

　　　　　　　　　　　　　　　　　　　－（原材料費＜中間生産物＞の総額）

　＝国内で1年間に新しく生み出された[⑥ 　　　　　　]の総額

【国民所得の三面等価】

・[⑦ 　　　　　　]（国民総所得）

　＝[⑤]＋（海外からの所得）－（海外への所得の支払い）

　＝ある国の企業や個人などの「国民」が新しく生み出した[⑥]の合計

・[⑧ 　　　　　　]（国民純生産）＝[⑦]－固定資本減耗

・[⑨ 　　　　　]（国民所得）＝[⑧]－（間接税－補助金）

・[⑩ 　　　　　　　　]…生産・分配・支出から見た国民所得の大きさは一致する

▌GDP指標の限界

・市場で取り引きされないものは反映されない（家事労働など）

・GDPを増やすものとしてふさわしくない要素がある（公害対策費など）

【国民福祉指標】

・[⑪ 　　　　　　　]（NNW）…余暇増大などのプラス要素や，公害などのマイナス要素を反映し，真の福祉水準を示す指標

・[⑫ 　　　　　　　　　]…国内純生産から環境悪化や自然資源の消費による損失額を差し引いて算出

▌経済成長

・経済成長…一国の経済規模が一定期間内に拡大すること

【名目と実質】

名目GDP…物価の変化を調整しないままの数値

〉〉〉[⑦]
2000年まで利用されていたGNP（国民総生産）にかわるものとして新たに導入された。GNPが生産物の付加価値合計をあらわすのに対して，[⑦]はこれを所得の側からとらえている。（→國p.101❶）

〉〉〉国民総幸福
ブータン王国で採用されている指標で，1970年代に提唱された。公正な社会経済発展，環境保全，文化保全，よい統治，の4つの要素で構成されている。（→國p.103❷）

〉〉〉物価
財・サービス価格の平均的な水準。消費財の物価は**消費者物価**指数で，機械設備や原材料費など，生産活動に関係する財の物価は，**企業物価**指数であらわされる。（→國p.103❹）

実質GDP…名目成長率から物価上昇率を差し引いた数値

【経済成長の原動力】

❶労働人口の伸び …人口増加，産業間の労働人口の移動

❷[⑬　　　　　　　　　]の伸び…積極的な設備投資

❸技術革新…海外技術の導入と改良，生産性向上

▌景気循環

・景気循環…経済は，[⑭　　　　　　　　]→後退(恐慌)→[⑮　　　　　　　　]→回復と

　いった循環的な変動を繰り返す

　<u>好況期</u>

　消費や投資の増大，生産拡大，雇用の増加，商品が売れる，物価上昇

　<u>不況期</u>

　生産の縮小，失業者の増大，倒産企業の増加，商品が売れ残る，物価下落

▌インフレーションとデフレーション

物価の持続的な上昇：[⑯　　　　　　　　　　　　]

ディマンド・プル・インフレ…供給を上回る需要が引き起こす

コスト・プッシュ・インフレ…原材料価格や賃金の上昇が引き起こす

物価の持続的な下落：[⑰　　　　　　　　　　　]

[⑱　　　　　　　　　　　]…デフレによる物価下落→企業の収益減少・

倒産→失業者の増加→消費の停滞→企業の収益悪化という悪循環のこと

〉〉〉今後の日本経済
少子高齢化による，生産年齢人口の減少，貯蓄率の低下，国内新規投資の減少が考えられるなか，技術革新が日本の経済成長を高める重要な役割を果たす。

〉〉〉スタグフレーション
経済が停滞しているなかで，インフレーションが続いている状態のこと。
(→圏p.105❶)

正誤問題　　次の文が正しい場合には○，誤っている場合には×を( )に記入しなさい。

1．日本のGDP(国内総生産)には，アメリカ合衆国籍の企業の日本支店が，日本でうみだした付加価値が含まれない。　　　(　　　)

2．NI(国民所得)には，製品の製造過程で機械の価値が消耗した分(固定資本減耗)が含まれていない。
　　(　　　)

3．国民所得には，生産国民所得，支出国民所得，分配国民所得があるが，このなかでは生産国民所得の額が一番大きい。　　　(　　　)

◀exercise　　①　ある年のGDPが630，その前年が600，物価上昇率が2%であるとき，名目経済成長率を求めてみよう。また，名目成長率と実質成長率のどちらが大きいか，確認してみよう。

　名目経済成長率(　　　　)%，大きいのは(　　　　　　　　　　　)

②　日本経済において，インフレ傾向とデフレ傾向のどちらが望ましいと考えられるか，100字程度でまとめてみよう。

20
40
60
80
100

4　金融のしくみ①

教科書　p.107〜110

金融の機能

〔①　　　　　　　〕…資金に余裕のある経済主体と，資金を必要としている経済主体が，資金を融通しあうこと

【マネーストック】

〔②　　　　　　　　　　　　　〕…一般企業や個人，地方公共団体などが保有する通貨総量

現金通貨 ┃ 日本銀行が発行する紙幣
　　　　　┃ 〔③　　　　　　　　〕…財務省が発行する硬貨

預金通貨 ┃ 〔④　　　　　　　　　　　〕…いつでも引き出し可能
　　　　　┃ 〔⑤　　　　　　　　　〕…小切手により支払い手段に利用

金融市場

【金融市場】…金融取引がおこなわれる場

　→借りる側は貸す側に利子を支払う

・〔⑥　　　　　　　　　〕…企業が株式や社債などを発行し，金融市場で個人や企業から資金を調達すること

・〔⑦　　　　　　　　　〕…金融機関の預金・貸出を経て資金を貸し借りすること

【金融市場の種類】

・〔⑧　　　　　　　　　　　　〕…1年未満の短期資金取引（コール市場など）

・〔⑨　　　　　　　　　　〕…1年以上の長期資金取引

　→金利（利子率）は，金融市場での資金の需給関係で上下する

証券会社と保険会社

・〔⑩　　　　　　　　　　〕…株式・社債などの発行引受や販売，売買の仲介などをおこなう

・〔⑪　　　　　　　　　〕…病気や事故など将来の不確実性に対して掛け金に応じた金銭補償をおこなう一方，資金供給者（機関投資家）としても重要な役割

銀行の役割

・金融仲介機能…資金の余っている経済主体から資金を預かり，資金の不足している経済主体に資金を貸し出す

・支払決済機能…要求払い預金の振り替えを通じて，企業間取引や個人の公共料金の決済をおこなう

・〔⑫　　　　　　　　〕機能…家計や企業の資金借り入れ需要にあわせて銀行が貸し出しをおこなうことによって，結果的に資金量の何倍もの預金通貨を新たに生み出す

> 信用創造額＝（当初の預金額／支払準備率）－当初の預金額

>>>機関投資家
資金を集めて運用して，収益を分配する法人組織のことで，個人投資家とは区別される。年金基金，保険会社，投資信託運用会社などがある。（→國p.109❷）

>>>ノンバンク
預金の受け入れをおこなわず，銀行からの借り入れや社債の発行で調達した資金を，消費者や事業者に貸し付けている金融機関をノンバンクという。信用創造機能はもたない。（→國p.109❸）

▌中央銀行の役割と通貨制度

・〔⑬   〕…政府から独立して通貨や金融の調節をおこなう銀行

→日本の〔⑬〕は〔⑭   〕

【〔⑬〕の役割】

〔⑮ 〕	市中金融機関から預金を預かり，市中金融機関へ資金を貸し出す
〔⑯ 〕	国庫金の出納や国債発行の代行などをおこなう
〔⑰ 〕	唯一，紙幣（日本銀行券）を発行する権限が認められている

【通貨制度】

・〔⑱   〕…中央銀行の発券する紙幣等は金との交換を義務づけ（兌換紙幣）

→一国の通貨量が中央銀行の保有する金の量に制約され，通貨量を柔軟に調整できない

・〔⑲   〕（現在の制度）…紙幣は金との交換性をもたない（不換紙幣）

→通貨は政府によって強制通用力を与えられ，中央銀行の信用調節で通貨の価値が保障される

正誤問題 ///// 次の文が正しい場合には○，誤っている場合には×を（　）に記入しなさい。

1．企業が株式や社債を発行して，金融市場で個人や企業から資金調達をおこなうことを，間接金融という。　　（　　）

2．日本のマネーストックでは，現金通貨の割合は約30％である。　　（　　）

3．日本銀行は，「発券銀行」として，唯一，紙幣を発行する権限が認められている。　　（　　）

4．景気の後退期には銀行貸出金利は下がる傾向にある。　　（　　）

〔**Work**〕 信用創造に関する以下の文中の（ア）～（オ）にあてはまる数字を答えなさい。

　A銀行に預金が500億円あるとする。支払準備率を10％とすると，A銀行は，預金500億円のうち，支払準備金（**ア**）億円を除いた（**イ**）億円まで貸し出せる。貸し出された資金が再びB銀行に預金として振り込まれると，B銀行はこれをもとに（**ウ**）億円まで貸し出せる。このようにして，最初の預金額×1／支払準備率，すなわち（**エ**）億円まで預金を増やすことができる。（**オ**）億円が銀行によって信用創造されたのである。

ア＿＿＿＿　イ＿＿＿＿　ウ＿＿＿＿　エ＿＿＿＿　オ＿＿＿＿

4　金融のしくみ②

教科書　p.110～114

■ 中央銀行と金融政策

【金融政策】…日本銀行が，景気や物価の安定をはかるため，金融市場で金利の調整をおこなうこと

・景気が悪いとき…通貨の供給量を増やし，金利を下げる（金融緩和）

　景気が過熱したとき…供給量を減らして金利を上げる（金融引き締め）

・〔①　　　　　　　　　　　〕（オープン・マーケット・オペレーション）

　…日本銀行が民間の金融機関を相手に国債などを売買して，マネタリーベースを調整　→政策金利（〔②　　　　　　　　　　　　　〕）を誘導

　不況期：〔③　　　　　　　　〕オペレーション

　景気の過熱期：〔④　　　　　　　　〕オペレーション

※近年，財政赤字が深刻化し，金融政策と財政政策とを適切に組み合わせる

　〔⑤　　　　　　　　　　　　　　　〕の展開が次第に困難となっている

〉〉〉【②】
…金融機関どうしがコール市場で，担保なしの短期資金を貸し借りする取引での，返済期間が翌日までの金利。（→圏p.111❷）

■ 非伝統的金融政策

1990年代後半～	・〔⑥　　　　　　　　　　〕…政策金利を実質0%に誘導する政策 ・〔⑦　　　　　　　　　　〕…金融政策の誘導目標を日銀当座預金の残高とする政策
2013年～	・買い入れる金融資産の多様化と規模を拡大 　→物価安定が見通せるまで資金供給を続ける 　→インフレターゲット政策：金融政策の操作目標を〔⑧　　　　　　　　〕とし，物価上昇率を前年比2%とする 　マイナス金利政策：日銀当座預金のうち一部分の金利をマイナスにする

〉〉〉【⑦】
日銀当座預金残高を必要準備量以上に増大させ，金融機関の貸し出しを拡大しようとした政策。（→圏p.112❶）

■ 金融の自由化と国際化

【金融の自由化】…金融制度にかかわる政府の規制を緩和・撤廃すること

　・銀行，証券・保険会社の業務の相互参入が可能に

　・外国為替取引の原則自由化で国際的な資本取引も自由に

　　→〔⑨　　　　　　　　　　〕のもと，銀行，証券，保険など多様なサービス提供をおこなう金融コングロマリットの誕生

【貯蓄から投資へ】

　・証券化ビジネス…債権を有価証券にかえて投資家に転売

　・〔⑩　　　　　　　　　　〕の活動が盛んになる一方，〔⑪　　　　　　　　　　〕の再編と縮小が進む

　・2005年，〔⑫　　　　　　　　　〕解禁…一つの金融機関につき保護される限度額が預金元本1000万円とその利子までに

〉〉〉三大メガバンク
旧財閥系列の枠をこえた合併により，三菱UFJ，三井住友，みずほの三大巨大銀行グループが誕生した。（→圏p.113❷）

■ 21世紀の金融の課題

　・大手銀行は〔⑬　　　　　　　　〕処理を乗り越え，三大メガバンクに集約

→グローバル競争へ

・金融庁は**自己資本比率**（＝ [⑭　　　　　　　　　] に基づいた規制）を基
準に銀行の破綻処理を進める

■ これからの金融のあり方

・SDGsに対して金融の果たす役割が注目される

→ [⑮　　　　　　　　　] の注目度はますます高まる

【金融技術の発展】

金融と情報通信技術の合成語である [⑯　　　　　　　　　] の特徴

❶ビットコインをはじめとする仮想通貨（[⑰　　　　　　　　]）が各国の通貨
や既存の銀行ネットワークに依存しない国境をこえた資金取引として注目

❷膨大な量のデータ（[⑱　　　　　　　　]）を人工知能で処理し，個人間
の金融取引が効率的におこなわれるようになった

❸スマホなどの情報端末で，さまざまな金融サービスの利用が可能に

>>>ビットコイン
エルサルバドルでは2021
年からビットコインを法定
通貨として導入したが，混
乱が生じている。

正誤問題 ／／／ 次の文が正しい場合には○，誤っている場合には×を（　）に記入しなさい。

１．量的緩和政策とは，日銀当座預金残高を必要準備量以上に増大させ，金融機関の貸し出しを拡大しよ
うとした政策のこと。　　　　（　　　）

２．日本はマイナス金利を導入したことはない。　　　　（　　　）

３．景気が過熱しているとき，日銀は国債などを買い入れ，金融市場へ流れる資金量を増やす。（　　　）

Check! 資料読解 ▶ 教科書p.112**5**「各国の政策金利の推移」 各国の金利が2008年以降に下がってい
る理由や，日本のきわだった特徴を教科書p.216などを見て考えてみよう。

アメリカでは，21世紀初頭のITバブル崩壊により，（**ア**　　　　　　　）が進められた。これにより住
宅ローン金利が大幅に（**イ**　　　　）したため住宅投資が増加し，住宅価格は上昇した。ところが2006
年に住宅バブルが崩壊，（**ウ**　　　　　　　　　　　）を組み込んだ証券化商品が大量に不良債権化
した。この結果，2008年には，リーマンブラザーズなどの投資銀行が経営破綻し，世界的な金融・経済
危機に発展した（（**エ**　　　　　　　　　　　））。この影響を受けて世界各国の政策金利が低下した。
また，日本の政策金利は（**オ**　　　　）％前後で推移している。

◀ **exercise** 日本銀行による現在の金融政策の特徴や目標を，150字程度でまとめてみよう。

										20
										40
										60
										80
										100
										120
										140
										160

5　財政のしくみ

教科書　p.115〜119

▌財政の役割

国や地方公共団体のおこなう経済活動：〔①　　　　　　〕

❶資源配分の調整

・公共財の供給

> 〔②　　　　　　　　〕…道路，港湾，上下水道など
>
> 〔③　　　　　　　　〕…年金，医療，介護など

　　→社会全体の資源配分を適正にする

❷〔④　　　　　　　　　　〕

　…〔⑤　　　　　　　　〕や相続税，社会保障によって所得格差を是正

❸〔⑥　　　　　　　　〕…財政政策によって景気の動きを調整

(1)〔⑦　　　　　　　　　　〕(フィスカルポリシー)…景気循環の平準化

　不況期：減税や，公債の発行による公共事業の増加など

　好況期：増税や，財政支出の縮小など

(2)〔⑧　　　　　　　　　　〕(ビルト・イン・スタビライザー)

　…経済の状態に応じて景気が自動的に調整される仕組み

　　(例)累進税制

　　不況期：所得の減少にともなって所得税が減る

　　好況期：所得の増加にともなって所得税が増える

▌日本の予算制度

【予算とは】

・国会に提出されて議論される ＝ 国民の意思を反映させる(財政民主主義)

・租税法律主義…国民に対する課税は必ず法律に基づかなければならない

・ある会計年度の支出(〔⑨　　　　　〕)と収入(〔⑩　　　　　〕)

【予算の種類】

・〔⑪　　　　　　　　〕…税や公債を財源として幅広い目的に支出をおこなう

・〔⑫　　　　　　　　〕…特定の収入を財源として特定の事業をおこなう

・日本政策金融公庫など政府関係4組織の政府関係機関予算

【予算の成立】

〔⑬　　　　　　　　〕…会計年度の開始前に成立(当初予算)

暫定予算…何らかの理由で年度開始までに本予算が成立しないときの経過措置

補正予算…本予算成立後に経済情勢の変化などで追加の財政支出が必要となる
　　　　　場合の措置

＊財政投融資計画も並行して策定…規模の大きさから「第2の予算」とも呼ばれた

▌日本の租税制度

【租税の分類(税の負担と納め方の違いによる分類)】

・〔⑭　　　　　　　　〕…税を負担する人と納める人が同じ税

　(例)所得税・法人税

〉〉〉**財政投融資計画**
国の政策目的実現のために郵便貯金や年金積立金など国が集めた資金を，社会資本の整備，住宅建設や中小企業支援などに融資する制度。(→図p.116❶)

- 〔⑮　　　　　　　〕…税を負担する人と納める人が異なる税

　（例）消費税・酒税

【租税の分類（税の納め先の違いによる分類）】

- 〔⑯　　　　　　〕…国に納める税金
- 〔⑰　　　　　　〕…地方自治体に納める税金

【租税の原則】

- 〔⑱　　　　　　　　〕…所得の多い人ほど多くの税金を負担するのが公平

　であるとする考え方

　（例）所得税の累進税制など

- 〔⑲　　　　　　　　〕…所得が同じであれば，等しい額の税金を負担する

　のが公平であるとする考え方

　（例）消費額に一律に課税される消費税

　→低所得者ほど所得に占める税負担の割合が重くなる（〔⑳　　　　　　　〕）

累進税制

利子，配当，譲渡益など金融所得は一律に20%で課税され，累進税率は適用されない。この結果，所得税の税負担率は所得1億円で最高となり，それ以上の所得階層ではむしろ税負担率が低下している。（→數p.117❷）

■ 財政改革の課題

【国債累積問題】

- 国債…政府の借金

　←租税だけで歳入をまかなえない場合に発行

※安易な国債の発行は財政危機を招いたり，インフレーションを引き起こしたりする　→第二次世界大戦後，法律で厳しい制約を課す

〔㉑　　　　　　　〕…公共事業の費用などをまかなう国債

　←法律で発行が認められている

- 〔㉒　　　　　　　　〕…日本銀行による国債の引き受けは禁止

〔㉓　　　　　　　〕（特例国債）…経常的な経費をまかなうための国債

　←発行には特例法の制定が必要

【国債発行の急増】

<u>1990年代～</u>

バブル経済の崩壊後の不況対策
社会保障費の急増　｝国債発行額が増大

- 国債の大量発行…歳入に占める国債発行額の割合（**国債依存度**）や，歳出に占める〔㉔　　　　　　　〕の割合が増大

　→現在や将来の政策経費を圧迫し，柔軟な財政政策ができなくなる

　　＝〔㉕　　　　　　　　　〕

- 政府長期債務残高は他国に類を見ない水準に

　→〔㉖　　　　　　　　　　〕（プライマリー・バランス）の均衡をめざすことが課題に

＞＞＞〔㉖〕（プライマリー・バランス）

国債などを除く税金などの正味の歳入と国債返済のための元利払いを除く歳出の収支のことをいい，黒字化が当面の目標となっている。（→數p.119❷）

正誤問題 //// 次の文が正しい場合には○，誤っている場合には×を（　）に記入しなさい。

1．不況における裁量的財政政策(フィスカル・ポリシー)は，減税をおこなったり，公共事業を増やしたりすることで，不況からの脱出をはかるものである。　　　（　　　）

2．酒税は，国税であり，間接税である。　　　（　　　）

3．プライマリー・バランスとは，歳入・歳出のうち，公債(国債)にかかわる部分をのぞいた収支をいい，日本ではこの部分を黒字化することが，当面の課題とされる。　　　（　　　）

Check! 資料読解 ▶ ①　教科書p.116 **2**「一般会計の歳入・歳出」　歳入と歳出のそれぞれについて，大きく金額が変動した項目を確認してみよう。

・歳入（　　　　　　　　　　　　　　　　　　　）

・歳出（　　　　　　　　　　　　　　　　　　　）

②　教科書p.118 **5**「主要税目の税収の推移」　教科書p.122～123の**1**も参考に税収の変化からそれぞれの税の特徴を読み取ってみよう。

・所得税，法人税は，教科書p.123のグラフを見ると好況期に税収が（**ア**　増える　・　減る　・　変わらない）ことがわかる。また，消費税は景気に左右（**イ**　される　・　されない　）が，1997年，2014年，2020年の3回大きく税収が増えたのは，（**ウ**　　　　　　　　）されたことが要因である。

③　教科書p.119 **7**「国債保有者割合の推移」　大きく増えたのはどの金融機関か。その理由も考えてみよう。

大きく増えたのは…

◀ **exercise**　500万円の所得に対する所得税額を計算しよう。

Try！　現在，日本の財政はどのような課題を抱えているだろうか。また，財政再建のためには，どのような手段があるだろうか，話しあって考えてみよう。

Check ✔ 重要用語

1章1. 経済活動の意義

❶財・サービスを生産するのに必要な資本，労働力，土地のこと。　❶

❷人間の必要性や欲求を満たすために生産され，消費されるもので，無形のもの。　❷

❸選択において，「どれかを採用すれば，どれかをあきらめざるを得ない」という状況。　❸

❹複数の選択肢のなかからある選択をおこなうさいに，選ばなかった選択肢が与えてくれたであろう利益のうち最大のもの。　❹

❺ある行動をとる誘因のこと。　❺

2. 経済社会の形成と変容

❻政府が生産者に何をどれだけつくるかを指令することで社会全体の資源配分の調整をおこなう経済のこと。社会主義経済が相当する。　❻

❼「市場での自由競争によって経済が調整され，結果的に社会の富がふえていく」と主張した経済学者。　❼

❽企業を吸収・合併することで市場支配力を強め，多くの分野で独占化・寡占化が進行していった段階以降の資本主義。　❽

❾単なる欲求ではなく，現実に貨幣による購買力をともなった実現可能な需要。　❾

❿世界恐慌の際，アメリカのローズベルト大統領が実践した，景気を回復させて完全雇用を達成させようとした政策。　❿

⓫20世紀前半，それまでの自由放任主義にかわり，政府が市場介入して問題を解決するという資本主義。　⓫

⓬民間部門と政府部門の両方からなる経済システムで，税制や社会保障による所得再分配など，政府のはたす役割が大きい体制。　⓬

⓭政府の市場介入や福祉国家を批判し，経済活動の自由と小さな政府を擁護する思想・運動。　⓭

⓮資本主義経済は自らの問題を自律的に解決できず，社会主義に基づく計画経済への移行が必然だと説いたドイツの経済学者。　⓮

⓯ソビエト連邦で，1980年代後半に試みられた改革を意味する言葉。　⓯

⓰社会主義を堅持しながらも，計画経済への市場原理導入をすすめている中国の政策。　⓰

2章1. 市場機構

⓱経済主体は3つある。それは何か。　⓱

⓲所得から消費支出と租税をのぞいた残り。　⓲

⓳価格の上昇あるいは下落によって需要と供給を一致させる働き。　⓳

⓴独立した企業どうしが，市場を独占的に支配しようとして価格や生産量について協定を結ぶこと。　⓴

㉑独占・寡占の下で価格が上昇しやすく下落しにくくなること。　㉑

㉒独占禁止法を運用して，自由で公正な競争を促進するために設けられている国の行政委員会。　㉒

㉓公害や環境破壊のように補償を受けることなく，他の経済活動から生産や生活が悪影響を受けること。　㉓

2. 現代の企業

㉔株式会社の株主のように，会社倒産の場合には出資額を限度とした負債を負うこと。　㉔

㉕大株主が会社所有に特化する一方，株をほとんど所有しない専門経営者層が経営を握ること。	㉕
㉖長期間にわたって使用される固定資産の取得に要した支出を，企業会計上の手続きに則り，その資産が使用できる全期間にわたって割りふった費用。	㉖
㉗株価など資産価値の値上がりによってえられる利益。	㉗
㉘企業の社会的責任のうち，芸術・文化支援のこと。	㉘
3. 国民所得と経済成長	
㉙ストックのうち一国の有形資産と対外純資産の合計。	㉙
㉚1年間に一国の国内で新たに生み出された付加価値の合計額。	㉚
㉛生産，分配，支出からみた国民所得の大きさが一致すること。	㉛
㉜名目成長率から物価上昇率を差し引いたもの。	㉜
㉝景気循環のうち，約4年周期の在庫の変化による循環。	㉝
㉞景気循環のうち，約20年周期の住宅や工場の建てかえによる循環。	㉞
㉟景気がよいときに物価が持続的に上昇する現象。	㉟
㊱原材料価格や賃金の上昇によって引き起こされるインフレ。	㊱
㊲経済が停滞しているなかで，インフレーションがつづいている状態。	㊲
㊳デフレが企業の負債額の実質的増加と売り上げの減少をもたらし，企業の業績悪化が雇用削減や賃金の低下を通じて家計に悪影響を与えること。	㊳
4. 金融のしくみ	
㊴一般企業や個人，地方公共団体などが保有する通貨総量。	㊴
㊵銀行などの金融機関があいだにはいって資金を貸し借りすること。	㊵
㊶預金の受け入れと貸し出しを繰り返すことで，当初の預金の何倍もの預金通貨をつくりだすこと。	㊶
㊷金本位制のもとで，中央銀行の発行する金との交換を義務づけられた紙幣。	㊷
㊸金融政策のうち，景気が悪いときに通貨の供給量をふやして金利をさげること。	㊸
㊹金融機関どうしがコール市場で，担保なしの短期資金を貸し借りする取引での，返済期間が翌日までの金利。	㊹
㊺金融政策のうち，日本銀行が市中金融機関と国債などを売買して通貨供給量を調整し，政策金利を誘導して景気の安定をはかろうとすること。	㊺
㊻バーゼル銀行監督委員会が銀行の健全性の基準として示した，自己資本比率についての国際ルール。	㊻
㊼環境，社会，ガバナンスを重視した投資。	㊼
5. 財政のしくみ	
㊽より高い所得部分に対してより高い税率を適用することで，所得再分配効果を発揮する所得税。	㊽
㊾予算成立がおくれる場合に，本予算成立までの経過措置として組まれる予算。	㊾
㊿同じ所得額の人は等しい負担をするという租税の公平性の基準を何というか。	㊿
(51)歳入・歳出のうち，公債にかかわる部分をのぞいた収支。	(51)

1　生徒Xは，クラスでの発表において，企業の土地利用を事例にして，機会費用の考え方とその適用例をまとめることにした。Xが作成した，次のメモ中の空欄　ア　・　イ　に当てはまる語句として最も適当なものを，後の①～④のうちから一つ選べ。

◇機会費用の考え方：ある選択肢を選んだとき，もし他の選択肢を選んでいたら得られたであろう利益のうち，最大のもの。

◇事例の内容と条件：ある限られた土地を公園，駐車場，宅地のいずれかとして利用する。利用によって企業が得る利益は，駐車場が最も大きく，次いで公園，宅地の順である。なお，各利用形態の整備費用は考慮しない。

◇機会費用の考え方の適用例：ある土地をすべて駐車場として利用した場合，　ア　の関係から他の用途に利用できないため，そのときの機会費用は，　イ　を選択したときの利益に等しい。

①　ア　トレード・オフ　　　イ　公　園
②　ア　トレード・オフ　　　イ　宅　地
③　ア　ポリシー・ミックス　イ　公　園
④　ア　ポリシー・ミックス　イ　宅　地

（2022年大学入学共通テスト政治・経済本試）

2　企業や家計についての記述として最も適当なものを，次の①～④のうちから一つ選べ。

①　家計は，他の条件が一定である場合，その保有する資産の価格が上昇すると消費額を増やす傾向にある。
②　企業は，他の条件が一定である場合，銀行の貸出金利が低下すると設備投資を減少させる傾向にある。
③　日本の家計を全体でみると，消費支出のうち食料費よりも保健医療費の方が多い。
④　日本の従業者を全体でみると，中小企業で働く人数よりも大企業で働く人数の方が多い。

（2016年センター試験政治・経済本試）

3　市場での取引とGDP（国内総生産）との関係について述べた記述として正しいものを，次の①～④のうちから一つ選べ。

①　市場における株式の取引額は，GDPに計上される。
②　市場で取引されない環境破壊による損失は，GDPに計上されない。
③　輸出される財・サービスは，国内の市場で取引されていないため，その額はGDPに計上されない。
④　通貨は，市場取引で用いられるため，家計や企業が保有する通貨量はGDPに計上される。

（2016年センター試験政治・経済本試）

4 　国民経済全体の活動水準を測るフローの諸指標がある。次の表は，ある年のそれらの諸指標の項目と金額との組合せの数値例を表したものである。表の数値例をもとにした場合に，諸指標A〜Cと，金額ア〜ウとの組合せとして正しいものを，下の①〜⑥のうちから一つ選べ。

項目	金額
国内総生産（GDP）	500
海外からの純所得	20
間接税−補助金	40
固定資本減耗	100

A　国内純生産（NDP）

B　国民総所得（GNI）

C　国民所得（NI）

ア　380　　イ　400　　ウ　520

①　A−ア　B−イ　C−ウ　　　②　A−ア　B−ウ　C−イ

③　A−イ　B−ア　C−ウ　　　④　A−イ　B−ウ　C−ア

⑤　A−ウ　B−ア　C−イ　　　⑥　A−ウ　B−イ　C−ア

（2013年センター試験政治・経済本試改）

5 　生徒Xは，望ましい社会の姿というテーマでの発表にあたり，経済成長の側面を調べることとなり，ある国の経済状況を調べた。次の表は，ある国の経済状況（名目GDP，人口，GDPデフレーター，実質GDP，名目GDP成長率，実質GDP成長率）を示しており，通貨の単位にはドルを用いているものとする。なお，この国では，2015年と2016年の一人当たりの名目GDPが同じである。表中のa〜cに当てはまる数字の組合せとして正しいものを，下の①〜⑧のうちから一つ選べ。

	名目GDP（億ドル）	人口（百万人）	GDPデフレーター	実質GDP（億ドル）	名目GDP成長率(%)	実質GDP成長率(%)
2015年	500	b	100	500		
2016年	a	47	94	500	−6	0
2017年	494	45	95	520	5	c

①　a 450　b 49　c 1　　　②　a 450　b 49　c 4

③　a 450　b 50　c 1　　　④　a 450　b 50　c 4

⑤　a 470　b 49　c 1　　　⑥　a 470　b 49　c 4

⑦　a 470　b 50　c 1　　　⑧　a 470　b 50　c 4

（2021年大学入学共通テスト政治・経済本試）

6 日本では基礎的財政収支（プライマリーバランス）が赤字であることが問題となっている。次のA, Bは歳入に関する政策の例であり，ア，イは歳出に関する政策の例である。他の歳入額と歳出額については変化がないとき，A，Bとア，イとの組合せのうち，基礎的財政収支の赤字を歳入と歳出の両面から縮小させるものとして最も適当なものを下の①～④のうちから一つ選べ。

A 国債発行額を増やして国債収入を増やす。
B 消費税を増税して租税収入を増やす。

ア 国債の利払い費を抑制して国債費の金額を減らす。
イ 公共事業費を縮小して，国債費を除く支出の金額を減らす。

① A－ア ② A－イ ③ B－ア ④ B－イ

（2016年センター試験政治・経済本試改）

7 教科書p.120「時事5　税制改革の動向」以下の税の税率をあげた場合，どのような長所と短所があるか，考えてみよう。
●消費税

長所
短所

●法人税

長所
短所

1　経済の停滞と再生

教科書　p.122〜125

▌経済摩擦と新自由主義

【円高不況からバブル経済へ】

1985年：G5〔①　　　　　　　　　　〕

　　　　…アメリカの貿易収支改善のため，ドル高を是正する協調介入

→急激な円高・ドル安による〔②　　　　　　　〕，生産拠点の海外移転(産業の空洞化)に見舞われる

【対米貿易への対応】

1989年：〔③　　　　　　　　　　　〕…アメリカが日本に内需拡大を要求

　　　→日本は大規模な公共事業予算と規制緩和で応じる

1993年〜：日米包括経済協議…アメリカが「市場の開放」「内需拡大」「規制緩和」を要求

【財政再建】

1980年代後半：〔④　　　　　　　　　〕＝「小さな政府」論にもとづく財政再建

→3公社の民営化，規制緩和，社会保障の財政削減など

▌バブル経済と平成不況

プラザ合意後の円高不況

【対応】…超低金利政策，内需拡大政策

【結果】…不況を脱し，長期の好況へ

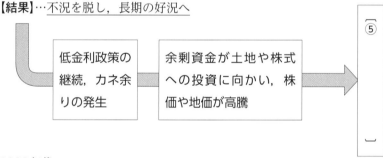

低金利政策の継続，カネ余りの発生

余剰資金が土地や株式への投資に向かい，株価や地価が高騰

〔⑤　　　〕

1990年代

【バブル経済の崩壊】

・景気の過熱を抑制するため，公定歩合の引き上げや不動産融資への規制

　→株価や地価が暴落　→バブルの崩壊

・巨額の〔⑥　　　　　　　〕を抱え，経営に行き詰まる金融機関も

　→「〔⑦　　　　　　〕」…企業への貸し出しを制限

　　→多くの中小企業が倒産

・企業による人員削減と海外進出→失業率の上昇

・90年代は長期不況に突入し，「〔⑧　　　　　　　　　　〕」と呼ばれる

▌構造改革のひずみ・デフレ不況改革と今後の経済政策・経済構造の変化

【小泉政権】(2001年成立)

・市場原理を重視した〔⑨　　　　　　　〕を実施

　→特殊法人改革，〔⑩　　　　　　　〕，三位一体改革など

〉〉〉〔③〕
さらに1993年からの日米包括経済協議では一層の内需拡大や市場開放を日本に求めた。また，アメリカは1988年に「スーパー301条」を制定しており，アメリカが不公正貿易とみなした場合は相手国を制裁できるとする厳しい態度をとった。(→教p.123❶)

〉〉〉〔⑩〕
郵便・郵便貯金・簡易保険の郵政3事業は，日本郵便・ゆうちょ銀行・かんぽ生命に分社化された(→教p.124❷)

【近年の日本経済の動向】

2002年～：「実感なき景気回復」

    →低水準の成長率 →〔⑪   〕の拡大,賃金引き下げ

2008年：アメリカ発の金融危機による景気後退

    →労働者の派遣切り,雇い止め

2011年：〔⑫   〕の発生

2012年～：第2次安倍政権…金融政策,財政政策などからなる経済政策を推進

    →大企業の所得や雇用情勢は改善するも,実質賃金は低下

2020年：コロナウイルス感染症の流行

    →日本経済も記録的なマイナス成長の一方,〔⑬   〕

    の普及などあたらしい働き方の模索

■ 日本経済が直面する課題

・人口減少による労働力不足

 …高齢者・女性の労働市場への誘導,外国人労働者の活用

・競争力の強化…人的投資の拡充,技術革新

・格差問題への対処…地方での安定した雇用の確保など

正誤問題 //// 次の文が正しい場合には○,誤っている場合には×を（ ）に記入しなさい。

1．1980年代後半の日本は,大きな政府論に基づく財政政策を行った。 （ ）

2．2002年からの日本の長期の景気拡大では,先進国の中でも類を見ない成長率をほこった。

 （ ）

3．2008年のアメリカ発の金融危機による世界的な景気後退でも,日本経済はマイナス成長におちいる

 ことはなかった。 （ ）

Check! 資料読解 教科書p.124 ☑「賃金と物価の推移」 景気拡大が実感できなかった理由は何だろう

か。

◀ exercise これからの経済社会はどのような方向が望ましいか,150字程度でまとめてみよう。

20
40
60
80
100
120
140
160

2　日本の中小企業と農業

教科書　p.130〜134

■ 中小企業と大企業

・全企業のうち99.7％が［①　　　　　　　　］（2016年）

・［①］と大企業との間には賃金や労働時間などで大きな格差

　＝［②　　　　　　　　　　　　］

【下請け・系列】

［③　　　　　　　　　］…大企業が製造過程の一部を中小企業に請け負わせること

［④　　　　　　　］…人的，技術的，資本的に大企業と密接な関連で結合する関係

【後継者不足】

・高齢化する中小企業の経営者

　→後継者不足により廃業予定に追い込まれる企業も

　→事業承継が課題

■ 中小企業の変化と中小企業政策

・近年の規制緩和，経済のグローバル化など

　→中小企業に国内外でのビジネスチャンスがうまれる

［⑤　　　　　　　　　］におけるイノベーション

　・［⑥　　　　　　　　　　　］…独創的な商品の開発によって新たな市場に

　　挑戦する企業

　・［⑦　　　　　　　　　　　］，コミュニティ・ビジネス…環境問題や高齢者支

　　援，地域活性化などの社会的問題に取り組む

　→新興株式市場の設置（中小企業に対する資金提供の場）

　　［⑧　　　　　　　　　　　　　　　　］を通じた資金調達も増加

■ 農業の変化

戦後の農地改革…生産性は上昇するも，農業の地位は一変

・国内総生産に占める農業生産の比重…低下　　・農業就業者数…減少

・農家戸数と耕地面積…減少　　　　　　　　　・農業従事者…高齢化

・専業農家…減少（兼業農家，副業的農家の増加）・食料自給率…低下

■ 農業政策の変遷

1961年：［⑨　　　　　　　　　　　］の制定

　→［⑩　　　　　　　　　　　　　］で米のみが価格保証され，米作依存が継続

・米需要の減少→過剰米の発生

　→［⑪　　　　　　　　　］政策による米の作付け制限（1970年〜）

・［⑫　　　　　　　　　　　］の制定（1994年）…旧来の食糧管理制度にかわるもので，

　米の価格と流通の自由化

1999年：［⑬　　　　　　　　　　　　　　　　　　　　　　　］の制定

…食料自給率の向上，農業の多面的機能，農村の振興を重視，法人の農業経営

　への参入も促進

2000年：農地法の改正…株式会社による農地取得が認められる

2010年〜：生産者への直接の戸別所得補償制度が開始

側注

〉〉〉中小企業

中小企業基本法では，製造業では常時雇用者300人以下または資本金3億円以下，サービス業では100人以下または5000万円以下，卸売業では100人以下または1億円以下，小売業では50人以下または5000万円以下の企業を中小企業という。（→國p.130❶）

〉〉〉［③］，［④］のメリット，デメリット

メリット：大企業から継続的な注文を受けたり，技術や資金の援助を受けたりすることができる。
デメリット：景気変動のしわ寄せを受けて親企業である大企業から製造原価を引き下げられたり発注量を減らされたりする。

〉〉〉［⑧］

インターネットなどを通じて不特定多数の人に対して新規事業への資金提供を呼びかけ，その趣旨に賛同した人から資金を調達する方法。（→國p.131❸）

〉〉〉戸別所得補償制度

農産物の販売価格が生産費を下回る場合，その差額を政府が補助金で支給して生産者の所得を補償する制度。2013年度からは経営所得安定対策として実施されている。

日本の農業の課題

【❶自由化への対応】

・GATT[⑭　　　　　　　　　　]の交渉で，1993年に米の部分的な
市場開放を受け入れる

→1999年には米の輸入[⑮　　　　　　]が実施

2018年：「TPP11」発効…すべての農作物の関税・非関税障壁の廃止

【❷食に関する安全の確保】

食の安全性…遺伝子組み換え食品，残留農薬，食品の偽装表示などが課題

[⑯　　　　　　　　　　]…何らかの原因で食料の輸入がとだえた時に備えて
食料自給率を向上させる

農業・農村の再生

…[⑰　　　　　　　　]を通じた付加価値の高い商品開発など

>>>[⑰]
農産物をはじめとする農村の地域資源を有効に活用し，農業による生産・加工・販売や，第1次産業である農業と第2次産業，第3次産業の融合によって地域ビジネスを展開すること。1次，2次，3次をあわせて6次産業という。
(→國p.134❶)

正誤問題 ////// 次の文が正しい場合には○，誤っている場合には×を（　）に記入しなさい。

1．日本の中小企業は，大企業に比べ一般に生産性が低く，賃金や労働時間，休暇日数など労働条件も及ばない場合が多いが，この状況を経済の二重構造という。　　　　（　　　　　）

2．1961年に制定された農業基本法では，大規模農家の育成による農業所得の安定的な向上をめざしたが，兼業化で経営規模の拡大は実現しなかった。　　　　（　　　　　）

3．食料安全保障の観点から，食料を外国から輸入する政策が進められている。　　　　（　　　　　）

Check! 資料読解 ▶ 1 教科書p.130 2「企業規模別の格差」 次の問いに答えなさい。

問1 賃金において，99人以下の規模の企業は，1000人規模の企業のおよそ何%か。

［　　　　］%

問2 設備投資率において，50～99人規模の企業は，1000人規模の企業のおよそ何%か。

［　　　　］%

2 教科書p.132 5「総合食料自給率の推移」 日本にみられる特徴を読み取ってみよう。

Try! 1 大企業にはないベンチャー企業の強みは何だろうか，話しあって考えてみよう。

2 食料自給率が低いことでどのような問題が生じるか，話し合って考えてみよう。

3 国民の暮らし

教科書　p.135〜138

▌**消費者問題と消費者主権**

【消費者問題とは】

…消費者の生活や健康・生命をおびやかす問題

…欠陥商品，誇大広告，悪徳商法など

原因

・利潤追求のために品質管理や安全確認を怠る

・大量宣伝と広告で消費者の欲求を喚起・操作

・消費者自身の問題

　[① 　　　　　　　　　]…企業の広告・宣伝だけで商品を購入

　[② 　　　　　　　　　　　　　]…まわりの人がもっているからと

　いう理由で商品を購入

【消費者と契約】

[③ 　　　　　　　　　　　]…生産者は商品の情報をもっているが，消費者は

　十分に判断できるだけの情報をもっていない

【消費者による運動】

・[④ 　　　　　　　　　　]…消費者の購買行動によって，市場における生産の

　あり方が最終的に決められる

・商品テスト運動…欠陥商品や有害商品の追放運動

・消費者団体の結成

1962年：アメリカのケネディ大統領が示した「消費者の四つの権利」

(1)安全である権利　　(2)知らされる権利 (3)選択できる権利　　(4)意見が反映される権利

▌**消費者政策の変化**

1968年	[⑤ 　　　　　　　　　　　]の制定…消費者の利益と安全を守る施策，消費者センターの設置 →2004年に[⑥ 　　　　　　　　]に改正…自立の支援，消費者教育の充実
1994年	・[⑦ 　　　　　　　　　　　]の制定…企業の無過失責任制を規定　←「欠陥の推定」が取り入れられていない ・[⑧ 　　　　　　　]制度が**特定商取引法で拡大**
2001年	[⑨ 　　　　　　　　　]の施行…消費者に不利益を与える条項を無効とし，事業者が重要な情報を伝えないなどの不適切な行為に基づく契約を取り消すことができる 　→2006年の改正で，[⑩ 　　　　　　　　]制度の開始
2009年	[⑪ 　　　　　　　　]の設置　←消費者行政の一元化をめざす

〉〉〉[③]

アメリカの経済学者 J.K. ガルブレイス(1908〜2006)は『ゆたかな社会』(1958)のなかで，消費者の需要が生産企業の広告・宣伝に依存して作り出されている問題を[③]と呼び，[④]が失われていることを指摘した。

〉〉〉欠陥の推定

商品に記載された取扱説明書どおりに使用していて事故にあった場合，その製品に欠陥があったとみなすこと。(→教p.136❷)

【消費者による運動】

・生活協同組合(生協)

　…食の安全，リサイクル，環境保護などのとりくみ

・〔⑫　　　　　　　　　　　　　　　　〕

　…環境に配慮した購入活動を実践

→これらの消費者課題や環境に対応することが**企業の社会的責任(CSR)**の中心課題

成年年齢の引き下げと契約

2022年4月に成年年齢が〔⑬　　　　　〕歳に

　→親の同意がなくても一人で契約が可能に

　…取り消しができなくなるため，消費者の権利や責任に関する制度を理解することが必要

地域社会と暮らし

・人口・企業の大都市への集中

　→農村では，人口減少，高齢化が進み，買い物・医療・福祉へのアクセスが困難な高齢者の増加

【人口減少に対応したまちづくり】

・〔⑭　　　　　　　　　　　　　　　〕政策

　…学校をはじめとする公共施設の統廃合や都市空間の集約化

>>>**空き家の増加**
総住宅数に占める空き家の割合は2018年で13.6％にのぼる。(→圏p.138❶)

正誤問題 /// 次の文が正しい場合には○，誤っている場合には×を（　）に記入しなさい。

1．ケネディ大統領が示した消費者の4つの権利とは，安全を求める権利，選ぶ権利，知らされる権利，契約解除の権利である。（　　　）

2．製造物責任法では，消費者が企業側の過失を証明できた場合，損害賠償を受けることができる。
　（　　　）

3．契約を結ぶのは個人の自由であるが，いったん契約を結んだ場合，それを誠実に実行する責任が生じる。（　　　）

4．「絶対に儲かる」という金融商品に投資した場合，消費者契約法で取り消すことが可能である。
　（　　　）

Try! 安心・安全で持続可能な社会をつくるために，消費者として，また地域住民として，私たちはどのように行動すればよいか，考えてみよう。

4 環境保全と公害防止

教科書　p.139〜143

■ 公害とは何か

・公害…工業化・都市化の過程で大気汚染，水質汚濁，土壌汚染など環境破壊
　が生じ，人々の生命や健康が奪われ，生活困難が引き起こされる社会的災害

　[① 　　　　　]公害…生産過程に起因

　[② 　　　　　]公害…大都市に人口，産業などが過度に集中し発生

　消費生活公害…生活系のゴミによるもの

・ほかにも自然の荒廃や景観の破壊などの[③ 　　　　　　　　　]の悪化がある

■ 日本における公害

・戦前の日本…[④ 　　　　　　　]鉱毒事件など

　→戦争によって公害対策は打ち切られる

・高度経済成長期…企業は成長第一主義で公害防止や安全の費用を節約

　→激甚な公害問題の発生

　→[⑤ 　　　　　　]や[⑥ 　　　　　　　　　]など裁判になるものも

■ 公害対策の前進・終わらない公害

・四大公害訴訟ではいずれも被害者側が勝訴　→政府が公害対策に乗り出す

1970年	国会で[⑦ 　　　　　　　　　]の改正をはじめ多くの環境関連の法整備が進められる
1971年	[⑧ 　　　　　　]の発足…自然保護のための対策 →2001年より環境省に
1974年	[⑨ 　　　　　　　　　]の実施

・[⑩ 　　　　　　]制…故意・過失の有無にかかわらず，損害があれば
　賠償責任を負う

・[⑪ 　　　　　　　　　　]…公害防止費用は汚染者が負担す
　べきという原則

・環境基準：濃度規制だけでなく[⑫ 　　　　　]も実施

・[⑬ 　　　　　　　　　　　](1997年法制化)…
　公害による人命損失，自然環境破壊などの被害発生を未然に防ぐ

■ 水俣病と司法による救済

1995年：政府が従来の認定基準とは別に一定の要件を満たす被害者を支援

2004年：最高裁が国及び熊本県に賠償を命じる

2009年：水俣病被害者救済特別措置法の成立

　多くの被害者への救済はまだ進んでいない

■ 廃棄物と循環型社会

急増する廃棄物

　…家庭から出る一般廃棄物，産業廃棄物，ハイテク産業による化学物質

　　→不法投棄など処理に関して公害問題が発生

[⑭ 　　　　　　　　　　　](2000年制定)

…廃棄物の発生抑制（[⑮   ]）を基本に，ついで再利用（リユース），再資源化（リサイクル）を進める

環境政策の展開

【環境基本法の制定と環境政策】

[⑯   ]（1993年制定）

　…複雑化した国内の環境問題や地球環境問題に的確に対処する

・環境政策の原理にはPPP（汚染者負担の原則）に予防原則が加えられる

【経済的手法】

[⑰   ]…環境保全のため，排出者に課税

　　　　　　　　…石油や石炭の使用に課す炭素税など

[⑱   ]…企業や組織ごとに国が排出制限量を設定し，制限量の枠を金銭で売買することができる制度

〉〉〉温暖化対策税
化石燃料の利用に対し，CO_2排出量に応じて課税されるもの。税収は省エネ設備の導入支援や再生可能エネルギー導入の推進など，地球温暖化対策に利用される。（→國p.143❷）

正誤問題　　次の文が正しい場合には○，誤っている場合には×を（　）に記入しなさい。

1．1960年代に企業を相手に起こされた四大公害訴訟は，すべて原告被害者側が勝訴し，その後，行政の責任を問う訴訟も起こされた。　　（　　　）

2．日本の公害対策では，環境基準は濃度規制のみなので，総量規制の実施が検討されている。　（　　　）

3．環境政策の原理に加えられた予防原則は，アスベスト問題にも適用された。　　（　　　）

Check! 資料読解　①　教科書p.141❸「公害苦情件数の推移」　1972年と比べて件数が大きく増えている公害は何か，読み取ってみよう。

②　教科書p.142❺「プラスチックごみの量の推移」　以下の文章で正しいものを選びなさい。

①　プラスチックごみは2000年以降も発生量と同量の埋め立てが行われている。

②　2015年にリサイクル量は1億トンを超えた。

③　プラスチックごみの発生量はこの35年間で3倍以上となっている。

④　プラスチックごみは2010年以降，リサイクルの高まりもあって，減少している。

Try!　環境保全と経済成長は対立的にとらえられることが多い。両者を両立させることは可能だろうか，考えてみよう。

5　労使関係と労働条件の改善①

教科書　p.144～147

労働問題の発生

【資本家と労働者の関係】

・[①　　　　　　　　　　]の原則…自由で対等な立場で契約を結ぶ

　　→実際には労働者は不利な条件でも働かざるを得ない弱い立場

【産業革命の影響】

　…機械化による労働の単純化→熟練労働者を解雇，児童や女性を低賃金・長時間労働で雇用

労働組合の形成

【世界の動き】

労働組合…労働者自らが組織した，劣悪な労働条件や生活条件の改善と地位の向上をはかる組織

　　　　　→各国へ波及，国際的組織も結成

[②　　　　　　　　　　](ILO)…国際労働基準の設定

　…条約・勧告による国際的な労働条件の改善

【日本の動き】

【労働者側】		【政府側】
労働組合期成会などの結成 労働運動の展開		治安警察法や[③　　　　　　]で労働運動の制限

日本の労働関係の近代化・労働三権

【労働者を守る権利の確立】

1946年　日本国憲法の制定

　　　　第27条…勤労権

　　　　第28条…[④　　　　　　　　]の保障

・[⑤　　　　　　　　](労働組合をつくる権利)・団体交渉権(団結して使用者と交渉する権利)・団体行動権(争議行動をおこなう権利)

　　→労働組合法・労働関係調整法・労働基準法＝[⑥　　　　　　　]として具体化

【労働組合運動】

　　1950年　総評(日本労働組合総評議会)　┐1989年　連合(日本労働組
　　1964年　同盟(全日本労働総同盟)　　　┘合総連合会)へ再編成
　　1989年　全労連(全国労働組合総連合)

労働三法

❶[⑦　　　　　　　　　]

…労働者が主体となって自主的に組合を作り，使用者と対等な立場で団体交渉をおこない，[⑧　　　　　　　　]を結ぶ権利を保障する

　→[⑧]で労働の諸条件を取り決める

　　…正当な争議行為は刑事上・民事上の免責特権

　　[⑨　　　　　　　　]…組合員への差別的待遇などを禁止する

〉〉〉労働者保護の法律
1911年には日本初の労働者保護立法として工場法が制定されたが，労働条件の悪い中小の工場には適用されないなど適用範囲が狭く，しかも資本家側の抵抗によって1916年まで施行されなかった。(→圏p.145❷)

〉〉〉斡旋・調停・仲裁
斡旋は，使用者・労働者・公益委員で構成される労働委員会で指名された斡旋員が労使双方に自主的解決を促すこと。調停は，調停委員会が調停案を示し，受諾を勧告すること。仲裁は，公益委員だけで構成される仲裁委員会が，拘束力のある裁定を下すこと。(→圏p.146❷)

労働委員会…[⑨]に対する救済をおこなう第三者機関

❷[⑩　　　　　　　　　　　]

…労働者と使用者の紛争を，労働委員会が斡旋，調停，仲裁などによる調整

〔⑪　　　　　　　　　　　]…公益事業などの大規模な争議で国民に多大な影響が

　　　　　　　　　　　　ある場合，内閣総理大臣が争議を禁止する

❸[⑫　　　　　　　　　　　]

…労働条件の最低基準を定めたもの

　(例)労働時間は1日8時間まで，週40時間まで＝法定労働時間

…労働局・〔⑬　　　　　　　　　　　]によって違反行為を監視，処罰

　＊賃金の最低水準は，〔⑭　　　　　　　　　　　]で定めている

■ 労働者保護の法整備

2004年：労働審判法の制定…労使間トラブル(解雇や賃金の未払いなど)を，
　　　　　裁判所が迅速かつ適切に解決することをめざす

2007年：[⑮　　　　　　　　　　　]の制定…労働契約の基本的ルールの明確化や
　　　　　紛争の未然防止，労働関係の安定化などを規定

労働契約紛争を，司法による解決から法律による防止へとシフトさせる

〉〉〉【⑭】
国が賃金の最低限度を定
め，使用者にその最低賃金
額以上の賃金を労働者に支
払わせる法律。最低賃金の
水準は産業別と地域別に定
められている。(→図p.147
❷)

正誤問題 //// 次の文が正しい場合には○，誤っている場合には×を( )に記入しなさい。

1．使用者が理由なく団体交渉を拒否することは，労働組合法で不当労働行為として禁止された行為である。　　　(　　　)

2．労働組合の組織率は一時低下したが，昨今は上昇している。　　　(　　　)

Check! 資料読解 ▶ ① 教科書p.145■「労働三権の保障状況」 公務員の権利が制限されるのはなぜ
か，憲法第15条の空欄にあてはまる言葉を入れ，理由も考えてみよう。

憲法第15条②：すべて公務員は(ア　　　　　　)の奉仕者であつて，(イ　　　　　　)の奉仕者ではない。

```



```

② 教科書p.147■「雇用形態・年齢階級別賃金格差」 以下の問いに答えなさい。

問1　正規社員・正規職員とその他の賃金は，年齢に応じてどのように変化しているだろうか。

正規社員・正規職員(　　　　　　　　　　　　　　　　　　　　　　　　　　　　　　　　　　　　)

その他(　　)

問2　問1における問題は何か，p.148などを参考に考えてみよう。

```



```

5 労使関係と労働条件の改善②

教科書　p.147〜151

■ 日本型雇用慣行の変化

【日本型雇用慣行】

［①　　　　　　　　　　　］…新卒から定年まで同じ企業内で雇用する

［②　　　　　　　　　　　］…勤続年数にしたがって給料と地位が上昇

［③　　　　　　　　　　　］…企業ごとに組織される労働組合

経済のグローバル化が進み企業間競争が激化

>>>〔④〕
派遣元企業と労働契約を結び，他企業に派遣されてそこでの指揮命令のもとで働く社員。**労働者派遣法**の施行(1986年)により，限られた業種のみ派遣が認められたが，その後，対象業種が大幅に拡大された。
(→歐p.147❸)

→企業はコスト削減に動く

　　…人件費の削減を目的に正規社員を減らし非正規社員を増員

　　　パートタイマー，アルバイト，［④　　　　　　　　　］，契約社員など

　　　→一般に正規社員と比べて非正規社員は低賃金で，雇用期間も短く不安定　→待遇改善のための政策が求められるように

2015年：［⑤　　　　　　　　　　］の改正

　→すべての業務が派遣労働の対象に

>>>**契約社員**
給与額や雇用期間など個別の労働契約を企業などと結び，特定の職種で専門的能力を生かしながら働く常勤の社員。雇用契約は原則として最長3年だが，契約更改で延長できる。
(→歐p.147❸)

■ こんにちの労働問題

【❶非正規雇用の格差】

・非正規社員の賃金は平均して正規社員の約7割

　　…雇用期間にも限りがあるため，将来設計が難しい

　　［⑥　　　　　　　　　　　］(＝同一の労働に対する時間あたり賃金を原則的に同一にする)の実現が求められる

【❷賃金】

　　…日本と欧米諸国の賃金水準の差は大きい

　　…大企業と中小企業，正規と非正規，男性と女性など，多様な格差

［⑦　　　　　　　　　　　］の増大

　　…フルタイムで働いても最低生活水準を維持する収入を得られない人

【❸労働時間】

　　…欧米諸国よりも長く，手当の支払われないサービス残業も多い

　　…［⑧　　　　　　　　　　　　　　］(仕事と生活の調和)の実現をめざす

　　→ワークシェアリング(労働者同士での仕事の分け合い)も検討

【❹女性の労働】

1985年：〔⑨   〕の制定

　…募集・採用・配置・昇進・福利厚生など，労働条件のすべてにわたる女性
　　の立場改善をめざす法律

　　→セクシュアル・ハラスメント防止が義務化（1997年改正）

・育児や介護によって離職する女性

1995年	〔⑩ 〕の制定 …介護を必要とする家族をもつ労働者に，93日間の休業を認める
2015年	〔⑪ 〕の制定 →女性が働きやすい労働環境の整備を義務づけ

【❺外国人労働者】

・〔⑫   〕に基づき，農業や建設などの分野で多くの外国人
　が働く

　→低賃金，ハラスメントなど多くの人権問題

　　→〔⑬   〕においても拡大が懸念

■多様な働き方の模索

・フリーランスの増加，労働者が業務時間を柔軟にできる在宅勤務や〔⑭
　　　　　　　　〕の広がり

・2019年：〔⑮   〕施行

　→特定の専門職に対して高度プロフェッショナル制度の導入

　メンバーシップ型雇用から，〔⑯   〕が広がりつつある

〉〉〉マタニティ・ハラスメント

Maternity harassment. 妊娠や出産をした女性に対する職場での嫌がらせのこと。妊娠や出産を理由に，降格させたり，解雇したり雇い止めにしたり，嫌がらせの言動によって退職に追い込んだりすること。妊娠や出産を理由に解雇したり退職を強要したりすることは，男女雇用機会均等法で禁止されている。

〉〉〉〔⑬〕
労働力不足への対応を目的として，介護，外食，建設など14業種での外国人労働者の受け入れを認める在留資格。（→図p.151❶）

正誤問題 　次の文が正しい場合には○，誤っている場合には×を（　）に記入しなさい。

１．一般に日本的雇用慣行としてあげられるのは，終身雇用制，年功序列型賃金，産業別労働組合の３つである。　　　（　　　）

２．日本の多くの企業はジョブ型雇用であったが，昨今の多様な働き方や能力主義の広がりにより，メンバーシップ型雇用が広がりつつある。　　　　（　　　）

Try! 　① 　経済が発展し，労働関係の法整備が進んでも，労働問題がなかなか改善しないのはなぜか，考えてみよう。

② 　在宅勤務やテレワークの拡大にはどのような利点と問題点があるか，話しあって考えてみよう。

6 社会保障の役割①

〉〉〉**イギリスの〔①　〕**
救貧税によって労働能力のない貧民を救済する一方で，労働能力のある者に対しては強制労働を課すなど，治安維持を主な目的とするものであった。

〉〉〉**ドイツの社会保険制度**
社会主義者鎮圧法という「ムチ」に対する「アメ」の政策として，疾病・災害・老廃に関する社会保険が導入されたが，失業保険は含まれていなかった。

▮ 社会保障の理念

社会保障…国民の〔①　　　　　　〕を国家が保障することを理念
　→〔②　　　　　　　　　　　　　　〕を基準として租税による**公的扶助**と社会保険を柱としたサービスを総合的におこなう

▮ 社会保障制度の発達

資本主義初期：貧困＝個人の責任

1601年	〔③　　　　　　　　　　　〕(イギリス) …世界初の公的扶助(労働能力のない者が対象)
19世紀末	社会保険制度の導入 …ビスマルクが社会主義者鎮圧法(1878年)，〔④ 　　　　　〕(1883年)創設
1911年	〔⑤　　　　　　　　〕(イギリス) …健康保険と世界初の失業保険
1919年	〔⑥　　　　　　　　　〕(ドイツ) …国民の生存権を保障

【社会保障制度の発展】

1920年代

世界的な不況→大量の失業者や生活困窮者が発生，社会問題化

アメリカ	社会保障法の制定(1935年) …〔⑦　　　　　　　　　〕の一環
イギリス	〔⑧　　　　　　　〕報告(1942年) →「〔⑨　　　　　　　〕から墓場まで」の保障追求
ILO	〔⑩　　　　　　　　　　〕 …社会保障の国際的原則

〉〉〉**後期高齢者医療制度**
2008年から75歳以上の高齢者は健康保険や国民健康保険の対象からはずれ，新しく後期高齢者医療保険による制度に組み入れられた。(→圀p.154❶)

▮ 日本の社会保障制度

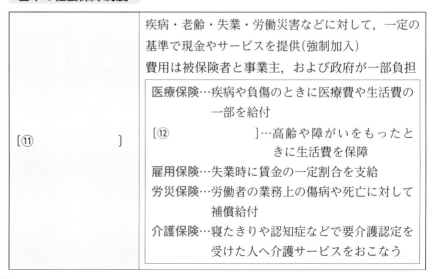

〔⑪　　　　　　〕	疾病・老齢・失業・労働災害などに対して，一定の基準で現金やサービスを提供(強制加入) 費用は被保険者と事業主，および政府が一部負担
	医療保険…疾病や負傷のときに医療費や生活費の一部を給付 〔⑫　　　　　　〕…高齢や障がいをもったときに生活費を保障 雇用保険…失業時に賃金の一定割合を支給 労災保険…労働者の業務上の傷病や死亡に対して補償給付 介護保険…寝たきりや認知症などで要介護認定を受けた人へ介護サービスをおこなう

[⑬]	生活困窮者に最低限の生活を保障 [⑭]が中心（費用は全額税金） →教育，医療，介護など8つの扶助制度 親族などからの援助が扶助に優先される
[⑮]	児童・老人・心身障がい者などへ手当やサービスを提供（費用は原則税金） 福祉サービスの提供形態は措置制度から[⑯]へ
[⑰]	国民の健康の推進や生活の質の向上が目標 感染症予防，母子衛生，公害対策など 保健所を中心とした組織的な取り組み

〉〉〉**国民皆保険・皆年金**
1958年の国民健康保険法改正と1959年の国民年金法制定により，国民皆保険・国民皆年金が実現した。（→國p.154❸）

正誤問題 ///// 次の文が正しい場合には○，誤っている場合には×を（   ）に記入しなさい。

1．イギリスでは，ベバリッジの提唱した社会保障計画によって，全国民を対象とした「ゆりかごから墓場まで」の社会保障制度が開始された。　　（　　　）

2．日本の社会保険は，生命保険，年金保険，雇用保険，労災保険，介護保険という5種類の公的保険で構成されている。　　（　　　）

3．日本の年金制度の基本となっている賦課方式とは，将来の年金を自分自身で積み立てていく方式である。　　（　　　）

[Work] 教科書p.152本文およびp.153❷「社会保障制度の歩み」を参考にして，空欄に適切な語句を右の語群から選び，記号で答えなさい。

1601年	（英）	エリザベスによる（1. ）制定
1883年	（独）	ビスマルクによる初の（2. ）導入
1935年	（米）	（3. ）制定
1942年	（英）	（4. ）報告
1950年	（日）	（5. ）全面改定
1958年	（日）	（6. ）(新)制定
1959年	（日）	（7. ）制定

ア．ベバリッジ
イ．社会保障法
ウ．社会保険制度
エ．国民年金法
オ．国民健康保険法
カ．生活保護法
キ．救貧法

Check! 資料読解 教科書p.152❶「社会保障の国際比較」 日本は大きな政府なのか，小さな政府なのか，確認してみよう。

6 社会保障の役割②

教科書　p.157〜159

■ 少子高齢社会にともなう社会保障の現状

【社会保障の課題】

・少子高齢化の急速な進展

・社会保障給付費の増大

・先進国のなかで低い保障水準

・租税負担も補助的な役割にとどまる

生活保障に対する国民の不安

→制度を維持するための財源確保が課題

■ これからの社会保障

【わが国の社会保障】

・年金や介護などの高齢者向けの制度が中心

→現役世代への負担のかたより

⇨
・子育て，教育，就労支援などの充実も必要

・全世代型社会保障の実現に向け，〔①　　　　　　　　　　　〕の充実をはかる

2010年：高校授業料無償化

　　　　→教育機会の均等の促進

2015年：子ども・子育て支援制度

　　　　→〔②　　　　　　　〕問題の解消や就労支援

2019年：幼児教育・保育の無償化

　　　　→3歳から5歳までのすべての子どもについて利用料が実質無償

■ 地域共生社会のまちづくり

【高齢者や障がい者のための社会福祉】

・〔③　　　　　　　　　　　〕の実現…高齢者や障がい者も地域で普通に暮らせることをめざす

→〔④　　　　　　　　　　〕の制定(1987年)

・バリアフリーの街づくり…生活の障壁となるものをとりのぞく

・〔⑤　　　　　　　　　　　〕に基づいた環境整備など

【高齢化の進行】

・要介護の高齢者増加(介護サービスの充実が必要)

〔⑥　　　　　　　　　　〕…高齢者の家を訪問して介護

デイサービス …食事や入浴などの日帰りサービス

〔⑦　　　　　　　　　〕…老人ホームなどに入所して介護を受けるサービス

⇨〔⑧　　　　　　　　　　　〕の構築

…上記サービスと医療・住まい・生活支援などを一体的に提供するための拠点

〉〉〉**積立方式**
被保険者自らが年金受給費用を在職期間中に積み立てる制度。

〉〉〉**〔④〕**
障がい者雇用の促進を求める法律。2021年現在，民間企業では2.3%，国・地方公共団体などでは2.6%の法定雇用率を定めている。

〉〉〉**特別養護老人ホーム**
常時介護が必要で自宅介護が困難な場合に，日常生活の介護や健康管理などの生活支援を受ける公的施設。

【外国籍の住民への支援】

・急増する在留外国人数

  …[⑨　　　　　　　　　　　]の改正により，外国人労働者の受け入れ拡大が

  進む

  →2019年の日本語教育推進法により，日本語指導や教科指導を専門に担う

  教員を学校に配置することを決定

正誤問題 ////　次の文が正しい場合には○，誤っている場合には×を（　）に記入しなさい。

１．日本の合計特殊出生率は戦後急速に下がるも，2020年現在はドイツよりは高い。　　　（　　　　　）

２．日本では，全世代型社会保障の実現に向け，高校授業料無償化や，幼児教育の無償化が開始された。

　（　　　　　）

３．すべての人が使いやすいように設計されたデザインをバリアフリーという。　　　（　　　　　）

Check! 資料読解 ▶ 教科書 p.158 **8**「政策分野別社会支出の国際比較」，**9**「高齢化率と社会保障の給付

規模」を見て，日本の社会保障給付の特徴を読み取ってみよう。

　政策分野別社会支出の国際比較のグラフを見ると，日本は家族や雇用分野の割合が低く，保健や（ア

　　　　　　）分野の割合が高い，その結果，社会支出の対GDP比は，高齢化の進展にともない，1980年

に比べて（イ　　　　　）倍以上となっている。また，急速な高齢化の進展により，今後も右肩上がりになる

ことが考えられる。

Try！　これからの社会保障は誰が担っていくべきか，「自助」「公助」「共助」という考え方を手がか

りに，話しあってみよう。

Check ✓ 重要用語

1．経済の停滞と再生

❶ 先進5か国財務相・中央銀行総裁会議(G5)でのドル高是正へむけた合意。　❶

❷ 1980年代後半，円高不況に対応した超低金利政策でカネあまりが発生し，土地・株式への投資がすすみ，全国の地価と株価が高騰し発生した経済のこと。　❷

❸ 銀行が企業への貸し出しを抑えること。　❸

❹ 郵政3事業が事業ごとに分社化され株式会社となったこと。　❹

2．日本の中小企業と農業

❺ 中小企業と大企業には労働生産性，賃金や労働条件などで大きな格差があること。　❺

❻ 規模の小さい市場で，既存企業による商品やサービスの供給がおこなわれていない隙間市場。　❻

❼ 環境問題，高齢者支援，地域活性化などの社会問題に取り組む企業。　❼

❽ インターネットなどを通じて不特定多数の人に対して新規事業への資金提供を呼びかけ，その趣旨に賛同した人から資金を調達する方法。　❽

❾ 食生活の変化により需要が減少して過剰米が発生したため，1970年からおこなわれた作付け制限。　❾

❿ 国内農家の保護のために，農産物の販売価格が生産費を下回る場合に，その差額を生産者に補償する制度。　❿

3．国民の暮らし

⓫ まわりの人がもっているからという理由で商品を購入すること。　⓫

⓬ 消費者の購買行動によって，市場における生産のあり方が最終的に決定されるとする考え方。　⓬

⓭ ケネディ大統領が示した「消費者の四つの権利」とは，安全である権利，知らされる権利，意見を反映される権利ともう一つは何か。　⓭

⓮ 訪問販売などで，消費者が申し込みや契約をおこなっても，一定の期間内であれば解除できる制度。　⓮

⓯ 2001年に制定された，事業者が重要な情報を伝えないなどの不適切な行為や，消費者に不利益を与える条項にもとづく契約を無効とする法律。　⓯

⓰ 国が認めた消費者団体が立場の弱い被害者個人にかわって訴訟を起こす制度。　⓰

4．環境保全と公害防止

⓱ 4大公害訴訟のうち，工場排出の硫黄・窒素酸化物による大気汚染を訴因とするのは何か。　⓱

⓲ 故意・過失の有無にかかわらず，損害があれば賠償責任を負う制度。　⓲

⓳ 開発行為に当たり，自然・生活環境に与える影響を事前に調査・評価し，地方自治体の地域住民の意見をきいて環境保全対策を講じる制度。　⓳

⓴ 公害対策基本法と自然環境保護法を統合して，複雑化した国内の環境問題に対応した，1993年に制定された法律。　⓴

㉑ 深刻な，または回復不能な損害が発生するおそれがある場合には，科学的な確実性が十分でなくとも損害を未然に防止する措置をとるべきであるとする原則。　㉑

㉒ 環境保全のために政府が排出者に，汚染物質の排出量に応じて課税するしくみ。　㉒

㉓ 政府が排出総量を定め，そのもとで排出者に排出枠を配分するしくみ。　㉓

5. 労使関係と労働条件の改善

㉔労働三権のうち，団結権，団体行動権ともう一つは何か。 ㉔ _____

㉕団体交渉の拒否や組合員への差別的待遇，組合への支配・介入など，使用者に禁止されている行為。 ㉕ _____

㉖労働組合側の労働者委員，使用者団体側の使用者委員，学識経験者などの公益委員の三者によって構成され，国と都道府県に設置される委員会。 ㉖ _____

㉗大規模な争議によって国民の経済や生活に多大な影響があると認められる場合，労働委員会の意見に基づき内閣総理大臣が争議行為を50日間禁止すること。 ㉗ _____

㉘国が賃金の最低限度を定め，使用者にその最低賃金額以上の賃金を労働者に支払わせる法律。 ㉘ _____

㉙勤続年数にしたがって給料と地位があがる賃金制。 ㉙ _____

㉚同一の労働に対する時間当たり賃金を原則的に同一にするという原則。 ㉚ _____

㉛フルタイムで働いても最低生活水準を維持する収入をえられない労働者。 ㉛ _____

㉜労働時間短縮のための労働者同士での仕事の分け合い。 ㉜ _____

㉝事業主に対して募集・採用・配置などの均等な機会を女性に与える努力を求め，定年・退職・解雇については差別的待遇を禁止した法律。 ㉝ _____

㉞労働力不足への対応を目的として，介護，外食，建設など14職種での外国人労働者の受け入れを認める在留資格。 ㉞ _____

6. 社会保障の役割

㉟国民としての最低限度の生活水準のこと。 ㉟ _____

㊱1942年にイギリスで出され，「ゆりかごから墓場まで」といわれる社会保障の基礎をつくった貧困撲滅計画。 ㊱ _____

㊲1944年にILOがかかげた社会保障の国際的原則。 ㊲ _____

㊳毎年の給付を，そのときに働いている世代の保険料で負担する年金の財源調達方式。 ㊳ _____

㊴労働者の業務上の傷病や死亡に対して補償給付をおこなう保険。保険料の全額を事業主が負担する。 ㊴ _____

㊵寝たきりや認知症などで要介護認定を受けた人へ介護サービスをおこなう制度。 ㊵ _____

㊶社会保障制度のうち，生活保護法を中心に，自力で生活できない困窮者を救済する制度。 ㊶ _____

㊷社会保障制度のうち，児童，老人，心身障がい者などの社会的な弱者の援護を目的として，手当やサービスを提供する制度。 ㊷ _____

㊸福祉サービスの提供形態のうち，利用者自らが事業者との契約に基づいて住民のサービスを決めること。 ㊸ _____

㊹15～49歳までの女性の年齢別出生率を合計したもの。 ㊹ _____

㊺65歳以上の人口が全人口の14％をこえる社会。 ㊺ _____

㊻高齢者も障がい者も，地域で普通に暮らせることをめざした考え方。 ㊻ _____

㊼生活の障壁となるものをとりのぞくこと。 ㊼ _____

1 *Skill up* 教科書p.128〜129を見て以下の問に答えなさい。

問1 **1実質経済成長率の推移** 以下の文章で正しいものを答えなさい。

①　日本はマイナス成長を記録したことはない。

②　2000年代に入っての景気拡大期は過去の景気拡大期よりも長いが，成長率は低くとどまった。

③　バブル景気の前後は景気が落ち込み，どちらもマイナス成長となった。

④　2000年代以降は，景気の後退期が見られない。

　　　⬚

問2 **2実質経済成長率の寄与度分解** 以下の文章で正しいものを答えなさい。

①　1960年代では，消費が経済成長に大きく貢献したといえるが，2010年代も同様に消費が経済成長率に貢献している。

②　2010年代の経済成長率は1％前後にとどまっているが，マイナス成長は記録していない。

③　1960年代は，輸出の動向は経済成長率に大きく影響を及ぼさなかった。

④　2010年代は設備投資はほとんどみられない。

　　　⬚

問3 **7各国のICT投資額の推移比較**，**8主要国における研究開発費総額の推移** 以下の文章で正しいものを答えなさい。

①　2000年からの研究開発費への投資額は，アメリカの伸び率が最も高い。

②　2009年にICT投資額はどの国も減少したが，2015年には，どの国もICT投資額は過去最高を記録した。

③　日本のICT投資額は低調で，2000年以前においても各国より低かった。

④　2017年現在，日本の研究開発費はヨーロッパ諸国よりも多い。

　　　⬚

問4 教科書p.129 ◀ exercise の答え

　　　⬚

2 産業構造の変化に関する記述として最も適当なものを，次の①〜④のうちから一つ選べ。

①　高度経済成長期における活発な設備投資を背景に，国内製造業の中心は，重化学工業から軽工業へと変化した。

②　二度の石油危機をきっかけに，エレクトロニクス技術を利用した省資源・省エネルギー型の加工組み立て産業が発展した。

③　プラザ合意後の円高不況と貿易摩擦の中で，国内製造業においては，労働力をより多く用いる労働集約的な生産方法への転換が進んだ。

④　バブル経済期の低金利と株価上昇を受けて，第二次産業就業者数が第三次産業就業者数を上回った。

(2009年センター試験政治・経済本試)

　　　⬚

3 大量消費社会の実現によって，ごみ問題が深刻になっており，日本では3Rの取組み(リデュース，リユース，リサイクル)が注目されている。これについての記述として最も適当なものを，次の①〜④のうちから一つ選べ。

① 循環型社会の形成を目的として，循環型社会形成推進基本法が制定されているが，同時にリデュースおよびリユースの考え方は導入されていない。

② 資源の再利用を図るために，テレビや冷蔵庫などの家電製品のリサイクルが注目されているが，これらの再資源化のための法律は制定されていない。

③ 水洗式トイレに設置された大・小レバーの使い分けは，水資源を再利用することができる点で，リユースの事例ということができる。

④ 家庭用洗剤やシャンプーなどの詰替商品の使用は，家庭から出るごみを削減することができる点で，リデュースの事例ということができる。

(2012年大学入学共通テスト政治・経済追試)

4 ある学校のクラスの生徒たちは，日本の雇用環境とその変化について調べることにした。次の文章中の空欄 ア ・ イ に当てはまる語句の組合せとして正しいものを，下の①〜④のうちから一つ選べ。

  終身雇用， ア ，および企業別労働組合は，日本における労使慣行の特徴とされ，日本的経営とも呼ばれてきた。しかし，経済環境の変化に伴って終身雇用や ア に代わって異なる雇用や賃金の形態が広がり，多様化している。

  また，現在では労働者の働き方も多様化している。たとえば，業務遂行の方法や時間配分の決定などを労働者自身に委ねる必要があるため，実際の労働時間に関係なく一定時間働いたとみなす イ を導入する企業もある。

① ア 年功序列型の賃金   イ フレックスタイム制
② ア 年功序列型の賃金   イ 裁量労働制
③ ア 成果主義による賃金 イ フレックスタイム制
④ ア 成果主義による賃金 イ 裁量労働制

(2021年大学入学共通テスト政治・経済本試)

1 地域社会の自立と政府

教科書　p.160〜161

振り返りチェック

①教科書p.64「地方自治の本旨」を参考にして，次の事例を団体自治・住民自治に分類しなさい。

ア．市は，産業廃棄物処理施設の建設に関するパブリックコメントを実施した。

イ．市は，汚染物質の排出について国の基準よりも厳しい規制を盛り込んだ条例を制定した。

ウ．市は，ホテルや旅館などの宿泊客から徴収する新たな租税の導入を決定した。

団体自治〔　　　　　〕　　　　住民自治〔　　　　　〕

②教科書p.64「地方自治の本旨」を参考にして，地方自治は「民主主義の学校」だと言われているのはなぜか説明しなさい。

③教科書p.65「地方分権改革」を参考にして，次の文章のうち正しいものを選びなさい。

ア．財政面では，地方税を中心とする依存財源の割合が少ない。

イ．1999年の地方分権一括法により，地方自治の仕事は自治事務と，機関委任事務に分類された。

ウ．小泉内閣は，税源移譲と，国による補助金の増額，地方交付税の見直しを同時におこなう「三位一体の改革」をおこなった。

エ．地方財政効率化のため進んだ大規模な市町村合併を，平成の大合併という。　　　〔　　　　〕

④教科書p.68④「各都道府県の財源構成」を参考に，都市部と，地方部における税収がどう違うか書きなさい。

●地域社会の自立と政府

CASE❶ 教科書p.160「海士町の取り組み」を参考にして，持続可能な社会づくりとして海士町が注目されている理由をクラゲチャート図を活用して，整理しなさい。

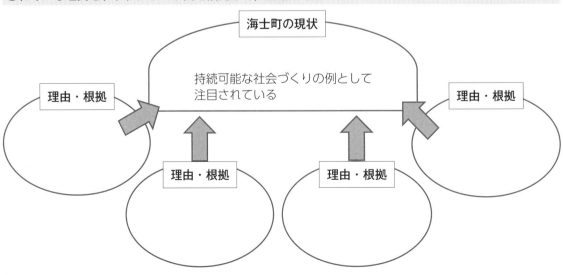

海士町の現状

持続可能な社会づくりの例として
注目されている

理由・根拠

理由・根拠

理由・根拠

理由・根拠

教科書p.161「富山県の取り組み」を参考にして，富山県の一人あたりの所得や世帯の所得が高い理由を，ステップチャートを活用して整理しなさい。

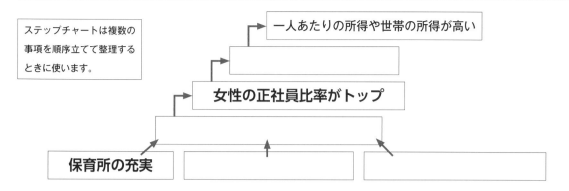

> ステップチャートは複数の事項を順序立てて整理するときに使います。

```
┌─────────────────────────┐
│ 一人あたりの所得や世帯の所得が高い │
└─────────────────────────┘
   ┌──────────────────┐
   │                  │
   └──────────────────┘
      ┌──────────────────┐
      │ 女性の正社員比率がトップ │
      └──────────────────┘
┌──────────┐ ┌──────────┐ ┌──────────┐
│ 保育所の充実 │ │          │ │          │
└──────────┘ └──────────┘ └──────────┘
```

教科書p.161「ドイツ社会都市の取り組み」を学んだあと，生徒A～Cが議論しています。（ a ）～（ c ）に入る文章として適当なものを，ア～ウから一つずつ選びなさい。

生徒A：北海道ニセコ町のまちづくり基本条例（2001年）を先がけに，（ a ）が広がっているんだ。

生徒B：それぞれの地域は異なる特徴があり，独自の地域づくりの理念や原則，自治体運営の基本ルールなどが定められ，（ b ）なんだよね。

生徒C：この自治基本条例に基づく常設的な住民投票も増えているみたい。

生徒A：住民投票は，「自分たちのことは自分たちで決める」という民主主義の可能性を示すしくみであり，（ c ）だよね。

　ア．自治体の憲法のようなもの

　イ．国政には見られない自治体ならではのもの

　ウ．多くの自治体で自治基本条例を制定する動き　　　　a〔　　　〕 b〔　　　〕 c〔　　　〕

Try! 　1 あなたの住む地域の政治的な課題と経済的な課題をしらべ，まとめてみよう。また，他の人と意見を交換してみよう。

	政治的な課題	経済的な課題
あなた		
他の人		

2 1 で出た課題から一つを選び，行政・企業・大学・NGOなどとの連携を意識しながら，どのように解決していくか，話しあってみよう。

選んだ課題：
解決方法

2 防災と安全・安心な社会の実現

教科書　p.162〜163

振り返りチェック

① 教科書p.138「地域社会と暮らし」を参考にして，人口減少・高齢化が農村に与えている影響を説明しなさい。

```

```

② 教科書p.138「地域社会と暮らし」を参考にして，次の文章のうち正しいものを選びなさい。

ア．大都市圏では，急増する高齢者の暮らしを支える医療・介護の施設やサービスが充実している。

イ．大都市圏では，物価高や保育などの公共サービス不足などの問題はあるが，人口増によって，出生率も高くなっている。

ウ．空き家問題は，都市でも農村でも地域の安全や景観を脅かしている。

エ．まちの人口密度が下がることによって，一人あたりにかかる公共サービスの財政費用も減っていく。

〔　　　　〕

③ 教科書p.138「地域社会と暮らし」を参考にして，人口減少に対応したまちづくりを進めるために，学校をはじめとする公共施設の統廃合や都市空間の集約化を進める政策を何というか。

〔　　　　　　　　　　〕

● 防災と安全・安心な社会の実現

① 教科書p.162 ① 「豪雨と土砂災害の発生状況」のグラフから読み取れる特徴を2点答えなさい。

```

```

② 被災地域の多くが震災の前から抱えていた状況について，下の文章に入る（　a　）〜（　c　）に入る文章として適当なものを，ア〜ウから一つずつ選びなさい。

被災地域の多くが震災の前から，行政の（　a　）の要求のもと，行財政機能を（　b　）させ，地域の社会・経済の（　c　）という課題を抱えていた。

ア．弱体化　　イ．スリム化　　ウ．活性化

a〔　　　〕 b〔　　　〕 c〔　　　〕

③ 教科書p.162「新しい公共」とはどのようなことか説明しなさい。

```

```

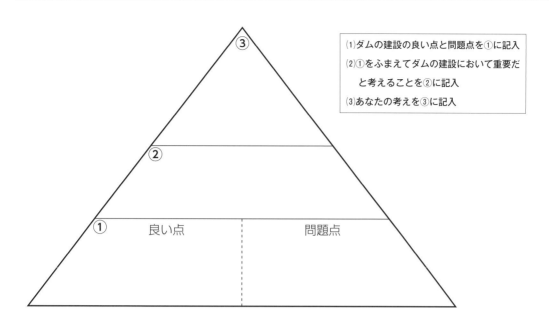

③

②

① 良い点　　　　　問題点

⑴ダムの建設の良い点と問題点を①に記入
⑵①をふまえてダムの建設において重要だと考えることを②に記入
⑶あなたの考えを③に記入

Try！ ①あなたの住む地域の防災計画の内容と防災対策の課題について調べ，まとめてみよう。また，他の人と意見を交換してみよう。

	防災計画の内容	防災計画の課題
あなた		
他の人		

②あなたの住む地域の防災対策の課題解決のため，住民相互の協力関係や住民と行政の共働が，どれくらい進んでいるのか調べ，あなたができることややってみたいことをまとめてみよう。また，他の人と意見を交換してみよう。

	住民相互の協力関係や住民と行政の共働	できること・やってみたいこと
あなた		
他の人		

3 歳入・歳出両面での財政健全化

教科書　p.164〜165

振り返りチェック

① 教科書p.118「財政改革の課題」を参考にして，次の文章のうち正しいものを選びなさい。

ア．財政法は，公共事業の経費などをまかなう赤字国債を除き，原則として国債の発行を禁じている。

イ．財政法は，市中銀行が国債を直接引き受けることを禁じている。

ウ．第1次石油危機による不況で税収が大幅に減ったため，一般的な経費をまかなうための建設国債が，特例法により1975年度に発行された。

エ．バブル崩壊後の1990年代に不況対策として巨額の公共投資がおこなわれ，その後も社会保障費の急増にあわせて巨額の赤字国債が発行されるなど，国債発行額は急増した。

〔　　　　　〕

② 教科書p.118「財政改革の課題」を参考にして，歳出に占める国債費の割合の急伸が与える影響を説明しなさい。

③ 教科書p.118「財政改革の課題」を参考にして，歳入・歳出のうち，公債（国債）にかかわる部分（国債発行による収入や国債費による支出）を除いた収支のことを何というか答えなさい。

〔　　　　　　　　　　　〕

④ 教科書p.119 ⑦「国債保有者割合の推移」のグラフやp.112「非伝統的金融政策」などを確認し，国債保有者割合で大きく増えた金融機関とその背景を説明しなさい。

⑤ 教科書p.120「税制改革の動向」を参考にして，次の事柄を古い順から新しい順に並べなさい。

ア．企業の国際競争力を高めるため，ピーク時から半減する水準にまで法人税率が引き下げられた。

イ．シャウプ勧告を基礎に，赤字国債の禁止と所得税の累進課税を柱とした。

ウ．直接税の割合を減らし，間接税である消費税の割合を高める目的で消費税が導入された。

〔　　　　　　　　　　　〕

⑥ 教科書p.120「申告納税者の所得階層別所得内訳と所得税負担率」から所得税負担率の特徴を読み取り，その課題と解決策を説明しなさい。

特徴	課題
	解決策

●歳入・歳出両面での財政健全化

1教科書p.164を参考に，債務残高の累増に関するこれまでの事例を，ステップチャートを使って整理しよう。

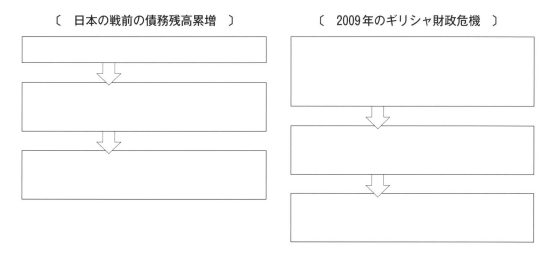

〔　日本の戦前の債務残高累増　〕　　　　　〔　2009年のギリシャ財政危機　〕

CASE 1・2 教科書p.165「財政再建の方法」「財政支出をどのように投じるか」を参考に，イメージマップを作成し，財政の再建と健全化につながる方法を考え整理しよう。

> イメージマップは考えを広げる，関連づける際に使います。中心に財政再建を置き，関連するものを書き出してみましょう。

Try！ 各国の財政状況を調べ，日本の財政再建のヒントになる事柄をあげてみよう。また，周囲の人と情報共有をしよう。

	各国の財政状況	日本の財政再建のヒント
あなた	国名：	
他の人		

4　産業構造の変化と起業

教科書　p.166〜167

振り返りチェック

①教科書p.130「中小企業と大企業」，p.131「中小企業の変化と中小企業政策」を参考にして，次の文章のうち適当でないものを一つ選びなさい。

ア．中小企業は約358万社で全企業の99.7％，従業者数は約3220万人で68.8％である（2016年）。

イ．大企業と中小企業の間には労働生産性，賃金や労働条件などで大きな格差があり，経済の二重構造と呼ばれている。

ウ．不況期にあっても，中小企業は大企業に取引の縮小や単価引き下げを迫られることはなく，景気の調整弁の役割を担わされることもない。

エ．近年の規制緩和，産業構造の変化，需要の多様化，経済のグローバル化などによって，コンパクトで小回りのきく中小企業に国内外でのビジネスチャンスが生まれている。

〔　　　　〕

②教科書p.130「中小企業と大企業」を参考にして，黒字にもかかわらず廃業に追い込まれる中小企業がなぜ発生するのか説明しなさい。

③教科書p.131「中小企業の変化と中小企業政策」を参考にして，独創的な消費の開発によって新たな市場に挑戦する企業のことを何というか答えなさい。

〔　　　　　　　　　〕

●産業構造の変化と起業

CASE❶　教科書p.166「活力ある中小企業の姿」を参考にして，京都府京丹後市のNPO法人「気張る！ふるさと丹後町」が2016年から開始したサービスをKWLチャートでまとめてみよう。

K（What I know）知っていること	W（What I want to know）知りたいこと	L（What I learned）学んだこと

CASE **2** 教科書p.167「事業承継の課題」を参考にして，事業引継ぎ支援センターが設置されていることの利点を熊手チャートで整理しよう。

事業引継ぎ支援センターの利点

> 熊手チャートはアイデアを出すときや多面的に物事を見たい時に使います。熊手の柄の部分に考えることを記入し，手の部分に考えを書き出していきます。

CASE **3** 教科書p.167「日本と海外の企業体質」を参考にして，日本の企業体質を積極的な面と消極的な面でまとめ，特にスマートフォンの分野における，日本と世界の違いをまとめよう。

・日本の企業体質の特徴

　積極的な面〔　　　　　　　　　　　　　　　　　　　　　　　　　　　　　　　　　　　　〕

　消極的な面〔　　　　　　　　　　　　　　　　　　　　　　　　　　　　　　　　　　　　〕

・スマートフォンの分野における日本と世界の違い

Try! ①日本で成長してきたベンチャー企業や中小企業を調べ，それらの産業面での特徴をあげてみよう。

あなたの考え
調べた企業：
特徴：

他の人の考え

②身近な社会的企業やコミュニティ・ビジネスを調べ，活動内容や特徴をまとめてみよう。

あなたの考え	他の人の考え
調べた社会的企業やコミュニティ・ビジネス	調べた社会的企業やコミュニティ・ビジネス
活動内容や特徴	活動内容や特徴

5　食料の安定供給の確保と持続可能な農業構造の実現

教科書　p.168～169

振り返りチェック⤵

1 教科書p.132「農業政策の変遷」を参考にして，次の事柄を古い順から新しい順に並べなさい。

ア．食生活の変化により需要が減少して過剰米が発生したため，減反政策によって作付け制限がおこなわれた。

イ．農地法の改正で，株式会社（農業生産法人）による農地取得が認められた。

ウ．他産業との生産性や所得格差を是正するために，機械化や経営規模拡大による自立経営をめざす農業基本法が成立した。

エ．食料・農業・農村基本法が制定し，食料自給率の向上，農業のもつ多面的機能（農業保全など），農村の振興などが重視されるようになった。

〔　　　　　　　　　　　　　　　　　　　　　〕

2 教科書p.132 4 「農家戸数と耕地面積の推移」とp.133 6 「耕作放棄地面積の推移」からわかることを書きなさい。

〔　　　　　　　　　　　　　　　　　　　　　〕

3 教科書p.133「日本の農業の課題　1 自由化への対応」を参考にして，種子法を廃止した目的と懸念されている点を答えなさい。

目的：

懸念されている点：

4 教科書p.134「日本の農業の課題　2 食に関する安全の確保」を参考にして，食料安全保障の観点から食料自給率の向上が求められている理由を答えなさい。

5 第1次産業（農林水産業等）と，第2次産業（製造業等），第3次産業（小売業等）の融合によって，地域ビジネスを展開することを何というか。

〔　　　　　　　　　　　　　　　〕

6 教科書p.134「日本農政の指針」にある下の内容ア～オから，あなたが重要だと考える項目を1位から3位までピラミッドチャートに記入し，理由も書きなさい。

ア．中小・家族経営に加えて，法人による農業経営を加速

イ．若者の新規就農を促進

ウ．デジタル技術を用いたスマート農業の普及をはかる

エ．農業の付加価値を高めて海外への輸出を増やす

オ．農村のもつ多様な地域資源を活用し，地域の所得と雇用機会を生み出す

●食料の安定供給の確保と持続可能な農業構造の実現

CASE 1 教科書p.168「企業による農業経営」を参考にして，一般法人の農業参入の変化について調べ，同心円チャートを使ってまとめ，将来を予測しよう。

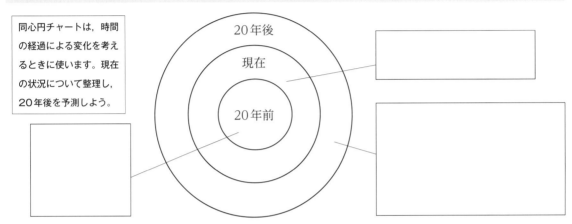

CASE 2 教科書p.169「小規模農業の可能性」を参考にして，「半農半X」の「X」にあなたは何を入れるか，考えてみよう。

〔　　　　　　　　　　　　　　　　　　　　　　　　　　　　　　　　　　　　〕

CASE 3 教科書p.169「農業の多面的機能」を参考にして，農業の多面的機能にはどのようなものがあるか，考えてみよう。

〔　　　　　　　　　　　　　　　　　　　　　　　　　　　　　　　　　　　　〕

Try! ①農業に参入しているさまざまな産業分野の企業を調べ，その影響や今後の可能性をまとめなさい。

調べた企業：

影響や今後の可能性：

②人口減少が進むなか，移住者や交流人口を増やすために農業を活用する取り組みを調べ，どのような効果を生み出しているかまとめなさい。

調べた取り組み：

その効果：

6 多様な働き方・生き方を可能にする社会

教科書　p.170〜171

振り返りチェック⤴

[1] 教科書p.147 **3** 「雇用形態・年齢階級別賃金格差」から，それぞれの賃金は，年齢に応じてどのように変化しているか説明しなさい。

[2] 教科書p.148 **4** 「正規・非正規労働者数の推移」から，読み取れる特徴を3つ答えなさい。

[3] 教科書p.148「こんにちの労働問題」を参考にして，正規雇用と比べた非正規雇用の労働者の説明として適当でないものを一つ選びなさい。

ア．正規雇用に比べて非正規雇用の労働者は，契約によって仕事の内容や責任の範囲が明確であり，それ以外の労働が求められることはほとんどない。

イ．正規雇用に比べて非正規雇用の労働者は，毎月の賃金が低いが，賞与や諸手当は正規雇用と同様に支給されている。

ウ．正規雇用に比べて非正規雇用の労働者は，社会保険への加入ができないことも多く，雇用期間に限りがあるため，人生の将来設計も難しくなる。

〔　　　　　〕

[4] 教科書p.148「こんにちの労働問題」を参考にして，次の文章はどの法律の説明か答えなさい。

ア．事業主に対して募集・採用・配置・昇進など，性別による差別的待遇を禁止している。

イ．男女がともに働き続けるため，子育てや介護に対する休業取得や短時間勤務が企業に義務付けられている。

ウ．雇用形態による待遇格差の改善や残業時間規制の強化，多様で柔軟な働き方の実現などがめざされている。

エ．女性が働きやすい労働環境の整備が企業に義務付けられた。

育児・介護休業法〔　　　　　〕　　　女性活躍推進法〔　　　　　〕
働き方改革関連法〔　　　　　〕　　　男女雇用機会均等法〔　　　　　〕

5 日本は企業の管理職に占める女性の割合が約12%と先進国のなかでも最低水準である。女性管理職の割合が上昇したらどうなるか，キャンディチャートを使って予想しよう。

> キャンディチャートは，仮説にもとづいて結果を予想するときに使います。キャンディの本体部分に結果を，リボン部分に推察した理由を書き出します。

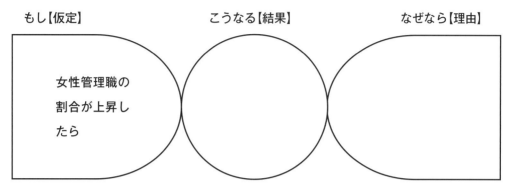

もし【仮定】　　　　　　　こうなる【結果】　　　　　　なぜなら【理由】

女性管理職の割合が上昇したら

● 多様な働き方・生き方を可能にする社会

CASE 1 教科書p.171「ジョブ型雇用の利点」を参考にして，「ジョブ型雇用」のよい点，よくない点，気になる点をPMIツールを使って整理してみよう。

よい点　Plus	よくない点　Minus	気になる点　Interesting

CASE 2 教科書p.171「メンバーシップ型雇用の利点」を参考にして，「メンバーシップ型雇用」のよい点，よくない点，気になる点を整理してみよう。

よい点　Plus	よくない点　Minus	気になる点　Interesting

Try！ ジョブ型雇用によって労働者の賃金や労働時間が適切に守られるためには，どのような規制やしくみが必要になるか考え，他の人と意見交換してみよう。

あなたの考え

他の人の考え

7 少子高齢社会における社会保障の充実・安定化

教科書　p.172〜173

振り返りチェック

①教科書p.152「社会保障の理念」を参考にして，次の文章のうち正しいものを一つ選びなさい。

ア．日本国憲法では，失業や疾病などは個人の問題であって，国家が介入することなく個人の責任で解決すべきであるという立場が採られている。

イ．最低限の暮らしを営み，人間としての尊厳をもって生存し，生活していく権利を平等権という。

ウ．国民としての最低限度の生活水準をナショナル・インタレストという。

エ．国や地方自治体は，租税による公的扶助と社会保険を柱として所得保障，医療保障，福祉，就労支援サービスなどを総合的に提供している。

〔　　　　　〕

②教科書p.154「日本の社会保障制度」を参考にして，次の文章のうち正しいものを一つ選びなさい。

ア．公的年金制度は，全国民共通の厚生年金(基礎年金部分)と国民年金(報酬比例部分)からなる。

イ．生活保護の扶助には，生活，教育，住宅など8種類があり，費用は被保険者の保険料からまかなわれる。

ウ．社会福祉のサービスの提供形態は，行政が住民へのサービス内容を決定する措置制度から，利用者自らが事業者との契約に基づいてサービスを決める利用契約制度へと推移している。

エ．もっぱら民間病院が，結核やインフルエンザなどの感染症の予防業務を担当している。

〔　　　　　〕

③教科書p.159「地域共生社会のまちづくり」を参考に，地方自治体によって構築が進められている，高齢者の介護と医療・住まい・生活支援を一体的に提供するための拠点を何というか。

〔　　　　　　　　　　　　　　　　　〕

④教科書p.121「「コロナ禍」の影響と財政」を参考にして，コロナ禍の状況でおこなわれた財政支出を箇条書きしなさい。

```


```

●少子高齢社会における社会保障の充実・安定化

CASE ❶ 教科書p.172「公的年金とライフデザイン」を参考に，60歳以降のライフデザインについて，ピラミッドチャートを用いてあなたが重視したいと考える順番にランキングしなさい。選択肢に該当する内容がない場合は，その内容を記述しなさい。そのうえで，1位の内容を実現するためにはどのような人生設計(制度設計)が必要か書きなさい。

ア．経済的に余裕のある暮らしをしたい

イ．質素につつましく生きたい

ウ．孫の面倒やボランティア活動にも積極的に参加したい

エ．健康が許す限り仕事に就き，仕事に見合った収入も得たい

オ．趣味の時間を多くとりたい

選択肢以外で，重視したい要素

1位の内容を実現するために必要な人生設計（制度設計）
1位
2位（複数可）
3位（複数可）

CASE 2 教科書p.173「ベーシック・インカム」を参考に，「ベーシック・インカム」とは何か説明しなさい。

CASE 2 教科書p.173「ベーシック・インカム」を参考に，「ベーシック・インカム」のよい点，よくない点，気になる点を整理してみよう。

よい点　Plus	よくない点　Minus	気になる点　Interesting

CASE 3 教科書p.173「共助で支える社会保障」を学んだあと，生徒A〜Cが議論しています。会話文中の（　a　）・（　b　）に入る政策として適当なものを，後のア〜エから一つずつ選びなさい。

生徒A：最近「自助・共助・公助」という言葉をよく聞くけど，どういった意味なんだろう。

生徒B：普通「自助」は自分のことは自分でする，もしくは自分のお金で購入することを指すね。一方「公助」とは（　a　）を指すんだ。

生徒C：「共助」とは（　b　）を指すのが普通だけど，ボランティア活動や住民組織の活動，いわゆる「互助」を含めて使っている人もいるみたいだね。

ア．社会一般の人々が守るべき秩序

イ．保険料を拠出した人同士の助け合いを前提とする社会保険制度

ウ．税金によるすべての人を対象とした最低限の所得保障

エ．税金による社会福祉事業や生活保護

a〔　　　　〕　　b〔　　　　〕

1 国際政治の特質と国際法

■ 国際社会の成立と展開

【国際社会と国家】

〔①　　　　　　　　〕…国家は自国の領域をもち，他の国家などから干渉を受けず，
　　　　　　　　　　　自由・独立・平等であるという特性

└── 1648年　〔②　　　　　　　　　　　　〕

…〔③　　　　　　　　〕を基本単位とする国際社会のあり方を形づくった

＊国際社会には，上位に立つ中央政府が存在しない

　…自国の安全をはじめとする国家利益を自ら守る

　　→国際政治は国家の力がものをいう**権力政治**という性格をもつ

■ 国民国家の成立

【国際政治の変化】

19世紀〜　〔④　　　　　　　　　　〕の誕生

…国家は「国民」としての一体感に支えられた「国民国家」でなくてはならない，という考え

ヨーロッパ各国に普及，国際政治にも複雑な影響を与える

■ 国際法の性格

【国際法とは】

国家相互の関係を規律する法

→ オランダの法学者〔⑤　　　　　　　　　　〕が理論的基礎

・〔⑥　　　　　　　〕…明文化された国家間の法的拘束

・〔⑦　　　　　　　　　　〕…各国の慣行が積み重なってできたもの（明文化されていない）

【国際法の拡大】

戦争と平和の問題→従来の国家間の問題のほか，個人や企業なども対象に

・国際裁判の制度も整備され，〔⑧　　　　　　　　　　　　〕（ICJ）と〔⑨　　　　　　　　　　　〕（ICC）が設置されている

■ 領土問題

・領土…国家が排他的に支配する領域

　→どこの領土でもない土地は国際慣習法によって，先に実効的に支配すれば取得を主張できる（〔⑩　　　　　　　　　　　〕）

　→侵略による領土変更は認められていない

■ 主権国家体系の変容

【❶国際世論の形成と変容】

通信技術の発達とコミュニケーション

　→国際社会を動かす国際世論が形成される

〉〉〉【⑤】
オランダの法学者。『戦争と平和の法』で，何が正しい戦争か，また戦闘方法の制限などを論じ，「国際法の父」と呼ばれる。

〉〉〉【⑧】
・1945年設立
・国家間の紛争を審理
・紛争当事国双方の同意の上で解決手続きが行われる

〉〉〉【⑨】
・2003年活動開始
・集団殺害（ジェノサイド）などを犯した個人を処罰
・検察官による訴追

【❷国際社会の新主体】

従来…主権国家が基本単位

現在…国家だけでなく，国際連合や多国籍企業，国際人権団体や

〔⑪　　　　　　　　　　　　　　　　〕なども活動

【❸地球的問題群】

…核戦争や地球環境問題など，国境を越えた全人類的協力が必要

正誤問題 /// 次の文が正しい場合には○，誤っている場合には×を（　　）に記入しなさい。

１．主権国家を基本単位とする国際社会のあり方は，ウェストファリア条約(1648年)を原型とする。
（　　　　）

２．国際法には条約と国際慣習法があるが，外交特権や公海自由の原則は，もともと条約で定められていた。　（　　　　）

３．国連海洋法条約では，主権が及ぶ領海は基線から200海里と定められている。　（　　　　）

４．国際司法裁判所は当事国の一方の提訴により，裁判が開始される。　（　　　　）

Work 教科書 p.175 ❸「国際法と国内法」を参考にして，次の表のA～Gに適する語句を，解答欄に記入しなさい。

	国　際　法	国　内　法
法の種類	A ・ B	憲法，法律，条例など
法の主体	C など	個人など
立法機関	統一的な機関はない。ただし，国家間の合意や， D での条約の制定などがある	議会
司法機関	当事国が合意した場合にかぎり， E が管轄する	裁判所が強制的に管轄する。当事者が訴えることによって裁判がはじまる
行政機関	ない。ただし， F が一部補完	政府
法の執行機関	ない。ただし， G が一部補完	警察や裁判所など

A	
B	
C	
D	
E	
F	
G	

◀ **exercise** 地球的問題群の中から事例を選び，その解決のためにどのような全人類的な協力が可能か，100字程度でまとめてみよう。

2　国際連合と国際協力

▌**勢力均衡政策とその破綻**

【第一次世界大戦前の安全保障】

[①　　　　　　　　　　　]…対立する諸国家間の軍事力を均衡させて軍事的攻撃を抑止しようとする政策

　→軍拡競争が激化，[②　　　　　　　　　　]が勃発

▌**国際連盟の登場と崩壊**

【第一次世界大戦後の安全保障】

・[③　　　　　　　　](1920年発足)…アメリカの[④　　　　　　　]大統領が提唱

　→[①]にかわるものとして[⑤　　　　　　　　　　]体制を採用

> 対立する国々も含めた体制のもと，戦争を法によって禁止し，違法な戦争をした国に対して集団的に制裁を加えることで平和の維持，回復をはかる

【機能しなかった国際連盟】

・国際連盟は，1930年代の日独伊による侵略行為を抑止できず，有効な制裁措置をとることができなかった

　→第二次世界大戦の拡大とともに崩壊

▌**国際連合の成立と普遍化**

【第二次世界大戦後の安全保障】

・国際連合憲章の採択を通じ，[⑥　　　　　　　　　　]発足(1945年)

　…原加盟国51か国

　…アメリカ，イギリス，フランス，ソ連，中国が5大国として優先的地位

　…ほぼすべての独立国を網羅する，普遍的平和機構

▌**国際連合と平和の維持**

総会…全加盟国から構成され，国連のすべての目的に関する問題を討議・検討

　　　→全加盟国は1国1票の投票権をもつ

[⑦　　　　　　　　　　　　　]

　　　…米・英・仏・ロ・中の5常任理事国と，任期2年の10非常任理事国で構成

【[⑦]の機能】

　　　…平和と安全の維持・回復(総会よりも優先的地位を保障)

　　　→紛争の平和的処理，停戦・撤退などの勧告

　　　→経済制裁のほか，軍事的強制措置も決定

> 決議の採択
> ・全常任理事国を含む9理事国の同意が必要
> ・常任理事国は，決議の成立を阻止する権限である[⑧　　　　　　]をもつ(＝大国一致の原則)

〉〉〉**国際連盟の欠陥**
(1)提唱国であるアメリカ不参加
(2)ソ連の加盟は一時期のみ
(3)主要国の日本・ドイツ・イタリアの脱退
(4)武力行使を全面的に禁止しなかった
(5)侵略国の認定や強制措置の発動を各加盟国の判断に任せた
(→教p.179)

〉〉〉**同盟**
国家が安全保障や外交上の立場を強化するために，他の国家との間で取り結ぶ共同防衛などについての約束
(→教p.180❶)

⟹ 東西対立の厳しかった冷戦期には安保理が機能しない事態も発生

   …本来の国連軍はいまだ組織されず

→「平和のための結集」決議にもとづいて，総会がかわりに活動する

国連の平和維持活動(PKO)

安保理の平和と安全機能…冷戦によって機能せず

→国連の〔⑨   〕(PKO)が誕生

・平和維持軍(PKF)…兵力引き離しや非武装地帯の確保

・〔⑩   〕…非武装で停戦違反を調査

国際協力と国際連合の課題

【経済社会理事会】

さまざまな専門機関と連携して，国際的な経済・社会・人権問題の解決を担う

【人権の擁護】

〔⑪   〕や国際人権規約の採択

【南北問題の解決】

〔⑫   〕(UNCTAD)や〔⑬   〕
(UNDP)の設立

・「〔⑭   〕」の考えのもと貧困の撲滅をめざす

  →ミレニアム開発目標(MDGs)や持続可能な開発目標(〔⑮   〕)を
定める

⟩⟩⟩朝鮮国連軍
戦闘目的をもった軍隊が現実に派遣されたのは朝鮮戦争の場合だけであり，この場合も安全保障理事会の決定ではなく，勧告によるものであった。
(→歴 p.182❷)

⟩⟩⟩多国籍軍
イラクのクウェート侵攻から生じた湾岸戦争(1991年)では，米軍を中心とする多国籍軍が形成され，安保理が武力行使の権限を与えた。

正誤問題 ///// 次の文が正しい場合には○，誤っている場合には×を(   )に記入しなさい。

１．国際連合の安全保障理事会は，大国一致の原則に基づいて運営される。(   )

２．国際連合憲章は，軍事的制裁の手段として平和維持活動(PKO)を明示した。   (   )

３．国連分担金比率の割合は，日本はアメリカに次いで第２位である。   (   )

Work 次にあげる文は，それぞれA勢力均衡，B集団安全保障，C集団的自衛権，D個別的自衛権のうちどれを説明したものか記号で答えなさい。

① 対立する諸国家間で軍備増強・同盟形成を通じて安全を確保しようとする政策。〔   〕

② 自国が攻撃を受けていないにもかかわらず，同盟など密接な関係をもつ国が攻撃を受けた場合に共同して反撃する権利。〔   〕

③ 対立する国々も含めた包括的な体制を築き，戦争を法によって禁じたうえで，違法な戦争をした国に対し，集団で制裁を加えることで，平和の維持・回復を図る体制。〔   〕

④ 他国からの急迫不正な侵害を受けたとき，自国を守るために必要な措置をとる権利。〔   〕

◀ **exercise** 公平・公正の観点から安保理改革を進めるためには何が必要か，80字程度でまとめてみよう。

																			20
																			40
																			60
																			80

3　現代国際政治の動向

教科書　p.184〜188

東西冷戦

・〔①　　　　　　〕…アメリカを中心とする自由主義陣営と，ソ連を中心とする
社会主義陣営との対立のこと

〉〉〉〔⑧〕
独立を宣言したベトナム民主共和国と旧宗主国のフランスとの間のインドシナ戦争を経て，ベトナムは南北に分断された(1945年のジュネーブ協定)。その後，南ベトナムの政権側を支持するアメリカと，反政権側を支持する北ベトナムとの間の本格的戦争は泥沼化した。アメリカの撤退後の1976年に，南北ベトナムは統一を達成した。(→教p.185❶)

西側		東側
北大西洋条約機構 略称〔②　　　　〕	軍事的対立	ワルシャワ条約機構 略称〔③　　　　〕
〔④　　　　　　　〕 …共産主義の封じ込め政策を提唱	政治的対立	〔⑤　　　　　　〕 …東欧諸国の共産党の結束をはかるための協力機関
〔⑥　　　　　　〕…西欧諸国に対する巨大な経済援助	経済的対立	経済相互援助会議…ソ連を中心とする東欧5か国との経済協力組織

・アジアでは，〔⑦　　　　　　　〕(1950〜53年)，〔⑧　　　　　　〕(1965〜75年)など国際化された内戦が勃発

【多極化】

```
ソ連
キューバにミサイル基地を建設
          〔⑨　　　　〕
アメリカ
キューバを海上封鎖，報復の準備
↓
ソ連がミサイルを撤去したことで核戦争の危機が回避
↓
緊張緩和(〔⑩　　　　　　〕)
↓
・東側では〔⑪　　　　　　〕が生じ，西側でもフランスがNATOの軍事部門から離脱(1996年)
・米ソの二極体制が揺らぎ始め，〔⑫　　　　　〕が進行
```

【第三世界の登場】

1955年：インドネシアで〔⑬　　　　　　　　〕を開催

東西冷戦の終結と世界の変容

【冷戦の終結】

1979年：ソ連のアフガニスタン侵攻などにより新冷戦が発生

　→ソ連の指導体制の変更と米ソ会談の成功により，冷戦の終結へ

1987年：〔⑭　　　　　　　〕調印

1989年：米ソ首脳が〔⑮　　　　　　〕で冷戦の終結を宣言

【ヨーロッパの変化】

1989年：〔⑯　　　　　　〕崩壊　翌年，東西ドイツが統一

1991年：ワルシャワ条約機構の解散

　　　　　ソ連の解体，独立国家共同体(CIS)発足

1993年：マーストリヒト条約でECから〔⑰　　　　　　〕へと発展

【アジアの変化】

1967年：〔⑱　　　　　　　　　　　　　　　〕(ASEAN)設立

1989年：アジア太平洋経済協力会議(APEC)設立

■ 流動化する国際秩序

【❶地域・民族紛争の多発】

冷戦終結 → 超大国の影響減 → 民族紛争・地域紛争の発生

【❷テロリズムの拡大】

2001年：〔⑲　　　　　　　　　　〕→「対テロ戦争」の開始

2003年：〔⑳　　　　　　　　　〕…安保理の「明確な」決議がないまま開戦

2010年～：「アラブの春」以降の混乱(中東地域の不安定化，テロ集団の活動)

【❸大国間の新たな対立】

・ロシアのクリミア併合，ウクライナへの介入→NATO諸国との対立

・中国の台頭…アジア・アフリカへの経済支援，軍事力強化

　〔㉑　　　　　　　　　〕を形骸化させる香港国家安全維持法の制定

》》》【⑳】
事後にイラクが開戦時に大量破壊兵器を保有していなかったことが判明した。イギリスでは，イラク戦争に至る政治判断の妥当性を事後検証するため，独立調査委員会が設置された。

正誤問題 /// 次の文が正しい場合には○，誤っている場合には×を(　)に記入しなさい。

１．2001年にアメリカで同時多発テロが発生すると，アメリカはイラクに侵攻した。　(　　　　)

２．シリアやイラクではイスラム過激派組織が勢力を増して，社会を不安定にしている。　(　　　　)

３．2014年の住民投票で，クリミアのロシア編入が決議された。　(　　　　)

４．2020年，中国は香港の「一国二制度」を推進する香港国家安全維持法を制定した。　(　　　　)

〔**Work**〕 次の政策，同盟などを西側諸国のものと東側諸国のものに分類しなさい。

①WTO(ワルシャワ条約機構)　　②トルーマン・ドクトリン

③NATO(北大西洋条約機構)　　④コミンフォルム

　　　　　　　　　　　西側(　　　　　　　) 東側(　　　　　　　　)

◀ **exercise** 紛争を防止するためにはどのようなしくみや対策が必要だろうか，150字程度でまとめてみよう。

										20
										40
										60
										80
										100
										120
										140
										160

4　核兵器と軍縮

核戦略による「恐怖の均衡」

【恐怖の均衡】

…冷戦時におけるアメリカとソ連のミサイル開発

$$\text{アメリカ} \leftarrow \boxed{\text{核による均衡(恐怖の均衡)}} \rightarrow \text{ソ連}$$

＝核による反撃のおどしによって，相手国の攻撃を抑制

…〔①　　　　　　　　　　〕

→同盟国は「核の傘」による防衛政策

軍備管理への動き　核と平和運動

1954年	第五福龍丸事件 →〔②　　　　　　　　　〕の高揚
1955年	第1回原水爆禁止世界大会の開催(広島)
1957年	〔③　　　　　　　　　　　　　〕の開催 …科学者たちによる核廃絶の提言

→核保有国も〔④　　　　　　　　〕へ

【核軍縮の歩み】

…〔⑤　　　　　　　　　　　　〕による全面核戦争の恐怖

　　→ホットラインの設置

1963年	〔⑥　　　　　　　　　　　　　　　　　〕(PTBT)の締結 …地下を除く核実験の禁止
1968年	〔⑦　　　　　　　　　　　　　〕(NPT)の締結 …非核保有国が核兵器を新たに保有することを禁じる
1972年	米ソが戦略兵器制限条約(SALT Ⅰ)調印 (1979年にSALT Ⅱ調印)
1978年	〔⑧　　　　　　　　　　〕の開催

軍縮の現状と課題

【米ソ(ロ)間の核削減条約】

1987年	〔⑨　　　　　　　　　　　　　〕の締結(米ソ間) …初の核兵器削減条約
1991年	〔⑩　　　　　　　　　　　　〕(START Ⅰ)の締結(米ソ間) …米ソが保有している戦略核戦力の削減 ※START Ⅱ(1993年，未発効)
2002年	〔⑪　　　　　　　　　　　　　　〕(モスクワ条約)の締結 (米ロ間)…戦略核戦力の削減
2010年	〔⑫　　　　　　　　　　〕の調印(米ロ間) …戦略核弾頭の削減と運搬手段の制限

〉〉〉〔③〕
イギリスの思想家ラッセルとアメリカの物理学者アインシュタインの呼びかけに応じ，世界の科学者22人が1957年にカナダのパグウォッシュ村に集まり，核兵器の危険性や科学者の社会的責任について討議した。(→教p.189❶)

【NPT体制の課題】

・1995年：NPT再検討・延長会議の開催

　→無期限延長を決定

・[⑬　　　　　　　　　　　　　　　](CTBT)が国連総会で採択(1996年)

　…爆発をともなう核実験を全面的に禁止　→未発効

> 課題
> ・インド，イスラエル，パキスタン，北朝鮮がNPT体制不参加
> ・2015年と2022年のNPT再検討会議でも成果を上げられず
> ・米ソ(ロ)二国間のINF全廃条約は2019年に失効

2017年：国連総会で[⑭　　　　　　　　　　　　]を採択

　　　　…核兵器の使用，開発，実験，製造などを全面禁止

　　　　　→2021年発効

■ 兵器輸出の規制と軍縮の課題

【平和の配当】

…軍縮によって浮いた巨額の資金を，途上国の援助にまわす考え方

　→実際は途上国への兵器輸出がおこなわれる

【通常兵器や大量破壊兵器の禁止】

　　1993年：化学兵器禁止条約調印

　　1997年：[⑮　　　　　　　　　　　　]条約調印

　　2008年：クラスター爆弾禁止条約調印

[Work]　教科書p.190「なぜ軍縮は難しいのか」　安全保障のジレンマについて，次の文中の空欄にあてはまる語句を答えなさい。

　表を見ると，軍縮政策について，A国とB国の2国が互いに協調して軍備を削減した場合の安全度はそれぞれ，(ア　　　　)点となっている。しかし，自国が削減しないと，削減した側は安全度が(イ　　　　)点となり，削減しない側の安全度が(ウ　　　　)点となると考える。結局，協調しないという選択肢をとると互いに(エ　　　　)点となり，自国だけ協調する選択肢をとるよりも安全度は(オ　　　　)なる。

◀ exercise　核兵器禁止条約について，成立に賛成する意見と反対する意見を，それぞれ50字程度でまとめてみよう。

賛成

20

40

60

反対

20

40

60

》》》【⑬】
2010年の再検討会議ではCTBTの早期批准や兵器用核分裂性物質生産禁止(カットオフ)条約の交渉開始が合意された。(→圏p.190❶)

》》》【⑭】
日本政府は，核保有国と非保有国の亀裂を深め，核なき世界の実現が遠のくとして反対した。(→圏p.191❷)

5　国際紛争と難民

■ 多発する地域紛争・民族紛争

【冷戦後の世界】

〉〉〉**エスニック集団**
血縁・言語・宗教・習慣・文化などを共有するという意識によって結びついている集団。

…地域紛争と［①　　　　　　　　　］の新たな波

・チェチェン紛争　　・旧ユーゴスラビアの内戦

・アフリカでの部族間紛争　　・アラブの春

敵対する民族や集団を迫害する動きも

■ 紛争を引き起こす要因

【植民地支配と冷戦】

欧米列強によるアフリカの植民地分割

→内政が不安定，強権的な支配体制

→米ソ両国による政権の支持

→冷戦終結で支持・支援の打ち切り

民族的・宗教的内戦，国家機能のまひ（＝［②　　　　　　　　］）

■ 人道的介入と保護する責任

【コソボ紛争】

NATOによる必要最小限度の武力行使（人道的介入）

…国際法上の疑念が指摘

「［③　　　　　　　　　］」論

…大規模な人権侵害から住民を保護する責任を国家が果たせない場合，国際社会が安保理決議にもとづいて武力行使できる，という考え方

■ 難民の発生

・［④　　　　　　　　］…紛争，戦争，革命，政治的迫害などにより本国を離れ，保護を求めている人々

・国連は［⑤　　　　　　　　　］の採択と［⑥　　　　　　　　　　　　　　　　　］を設置

…難民を迫害するおそれのある領域への送還禁止（［⑦　　　　　　　　　　　　　　］）

・近年は，内戦などにより，国内で避難生活を送る［⑧　　　　　　　　　］の大量発生が課題に

■ 人種・民族問題の解決に向けて

〉〉〉**人道に対する犯罪**
非戦闘員たる文民に対する非人道的行為（奴隷化や拷問・性的暴力など）

1994年　［⑨　　　　　　　　　　　　　］（人種隔離政策）の撤廃

民族主義的・人種主義的な抑圧は，もはや許されない

日本を含む先進各国でもエスニック集団との共存は，社会的現実に

〔⑩　　　　　　　　　　　　〕	脱却	〔⑪　　　　　　　　　　　　〕
（エスノセントリズム）		（マルチカルチュラリズム）
…民族的・文化的少数者の抑圧にもつながる		…さまざまな文化や生活様式をもつ人々との共生

〉〉〉第三国定住
すでに母国を逃れて難民となっているが，避難先では保護を受けられない人を第三国が受け入れる制度（→囤p.195❶）

■ SEMINAR…パレスチナ問題

【第一次世界大戦中】イギリスによる外交（国家建設の約束）

　　　対アラブ人…〔⑫　　　　　　　　　　　〕(1915年)

　　　対ユダヤ人…バルフォア宣言(1917年)

【第一次世界大戦後】イギリス，パレスチナを委任統治

　　　→パレスチナへ多数のユダヤ人が移住

　　　→先住していたアラブ人との衝突が激化

　　　→イギリス，国連に問題解決をゆだねる

1948年	イスラエル建国　→アラブ人が反発　→第一次中東戦争
1964年	〔⑬　　　　　　　　　　　　〕(PLO)結成
1967年	第三次中東戦争
1987年～	第一次〔⑭　　　　　　　　　　　〕
1993年	パレスチナ暫定自治協定(〔⑮　　　　　　　　　　〕)
2000年～	第二次〔⑭〕
2002年～	イスラエル，分離壁建設　→　現在も対立がつづく

正誤問題 　次の文が正しい場合には○，誤っている場合には×を（　　）に記入しなさい。

1．コソボ紛争では，「人道的介入」を理由にNATO軍が空爆をおこなった。　　（　　　　）

2．パレスチナ問題とは，イスラエルがパレスチナ地方での建国をめざしているなかでの，ユダヤ人とアラブ人の対立問題である。　　（　　　　）

3．国連で，主に難民の保護や救済活動をおこなっている機関は，UNICEFである。　　（　　　　）

4．2010年末にチュニジアではじまった民主化を求める動きは，北アフリカなどにひろがり，「アラブの春」とよばれた。　　（　　　　）

◀exercise　紛争の解決に必要な公正な社会の実現のために，国際社会や日本ができる支援はどのようなものがあるか，100字程度でまとめてみよう。

																				20
																				40
																				60
																				80
																				100

第1章　現代の国際政治 | 119

6 国際政治と日本

教科書　p.198〜201

▌国際社会への日本の再登場

【第二次世界大戦後の日本の外交】

〉〉〉【①】
これにより日本は主権を回復し，独立を達成したが，沖縄占領継続などの問題があったため，ソ連をはじめ社会主義国は調印しなかった。(→國p.198❶)

1951年：[① 　　　　　　　　　　　　　]を締結して主権を回復

　　　　[② 　　　　　　　　　　　　　]を締結して西側陣営に加わる

1956年：[③ 　　　　　　　　　]によりソ連との国交が正常化

　　　　→日本の国連加盟が実現

1957年：日本政府が日本外交の3原則を発表

(1)　[④ 　　　　　　　]中心主義

(2)　自由主義諸国との協調

(3)　[⑤ 　　　　　　　]の一員としての立場の堅持

▌アジア諸国への責任と協力

【日本の戦後のアジア外交】

〉〉〉日本人拉致問題
北朝鮮により拉致された日本人の問題はいまだ解決していない。日本政府は拉致問題を人権侵害と主張し，国連もそれを支持する決議を出している。
(→國p.199❸)

1950年代後半：ビルマ(現ミャンマー)，フィリピン，インドネシア，旧南ベトナムと賠償協定を締結

1980年代：中国・韓国などから教科書記述や靖国神社への首相の公式参拝への反発

1990年代：元慰安婦や強制連行労働者への[⑥ 　　　　　　　]問題

【朝鮮半島との関係改善】

韓国

1965年：[⑦ 　　　　　　　　　　　]の調印により，大韓民国との国交が正常化

朝鮮民主主義人民共和国…国交正常化交渉(1991年〜)

　　→核開発問題，拉致問題などにより，国交正常化が進展していない

【中国との関係改善】

1972年：日中共同声明によって，中華人民共和国政府を中国の代表政府と認めて国交を正常化

1978年：[⑧ 　　　　　　　　　　]を締結し，日中の平和関係を規定

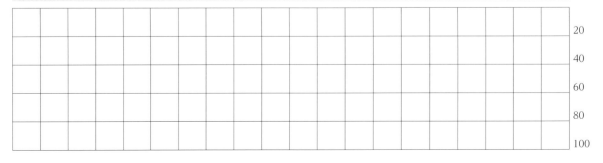

◀ exercise　日本が国際社会で果たすべき役割にはどのようなものがあるか，100字程度でまとめてみよう。

										20
										40
										60
										80
										100

Check ✔ 重要用語

1. 国際政治の特質と国際法

❶国際社会において主権をもった国家。　　❶

❷国際法には二つのものがある。主権国家間の条約とあと一つは何か。　　❷

❸集団殺害，戦争犯罪などを指導した個人を裁く裁判所とは何か。　　❸

2. 国際連合と国際協力

❹対立する諸国家間の軍事力を均衡させて軍事的攻撃を抑止すること。　　❹

❺対立する国々も含めた体制を築き，戦争を法によって禁止し，違法な戦争をした国に対し集団的に制裁を加え，平和の維持・回復をはかる体制。　　❺

❻自国が攻撃を受けていないにもかかわらず，同盟など密接な関係をもつ国が攻撃を受けた場合に共同して反撃する権利。　　❻

❼5大国の拒否権行使で安保理の議決ができないとき，総会がそれにかわる機能を果たすことを決めた1950年の決議。　　❼

❽国連憲章に規定はないが，紛争などの拡大を防止するため，関係国の同意を得て，紛争の解決をめざす活動。　　❽

3. 現代国際政治の動向

❾冷戦時に結成された，アメリカを中心とする西側諸国の軍事同盟。　　❾

❿戦後できた分断国家のうち，今も分断された状態の国がある地域はどこか。　　❿

⓫ソ連のミサイル基地建設を知ったアメリカが，そこに至る海上封鎖をおこない，報復攻撃も辞さない態度を示し，米ソ核戦争の危機が生じた。これを何というか。　　⓫

⓬植民地支配から独立したアジア・アフリカ諸国が集まり開催した会議。　　⓬

⓭1989年，ブッシュ米大統領とゴルバチョフソ連書記長により冷戦の終結が宣言された会談。　　⓭

⓮東・東南アジア諸国の経済発展を背景に東南アジア諸国連合ができ，さらに日・米・韓・カナダなどが参加してできた組織をアルファベット表記で何というか。　　⓮

4. 核兵器と軍縮

⓯ラッセル・アインシュタイン宣言にこたえ，1957年に，世界の科学者が核兵器の危険性や科学者の社会的責任について討議した会議。　　⓯

⓰国連総会で採択された，爆発をともなう核実験を全面的に禁止する条約。　　⓰

⓱核兵器非保有国の主導により，核兵器の使用，開発，実験，製造などを全面禁止した条約。　　⓱

5. 国際紛争と難民

⓲母国を追われた難民の国際的保護と救援活動をすすめている機関。　　⓲

⓳迫害するおそれのある国へ難民を送還することを禁止する原則。　　⓳

⓴すでに母国を逃れて難民となっているが，避難先では保護を受けられない人を第三国が受け入れる制度。　　⓴

6. 国際政治と日本

㉑日本が国連への加盟を認められるきっかけになった日ソ間の宣言。　　㉑

㉒日本と中国との間で1978年に締結された条約。　　㉒

1 国際社会の平和と安全を維持するための国連(国際連合)の仕組みに関する記述として正しいものを，次の①〜④のうちから一つ選べ。

① 国連安全保障理事会が侵略国に対する制裁を決定するためには，すべての理事国の賛成が必要である。

② 国連憲章は，国連加盟国が安全保障理事会決議に基づかずに武力を行使することを認めていない。

③ 国連が平和維持活動を実施できるようにするため，国連加盟国は平和維持軍を編成するのに必要な要員を提供する義務を負っている。

④ 国連憲章に規定されている本来の国連軍は，これまでに組織されたことがない。

(2017年センター試験政治・経済本試)

2 冷戦に関して，1980年代前半は米ソ関係の緊張が一時的に高まった時期であり，80年に開催されたモスクワ・オリンピックにおいて西側諸国のボイコットなども起こった。緊張が高まるきっかけの一つとなった事件として最も適当なものを，次の①〜④のうちから一つ選べ。

① 米ソ間でキューバ危機が発生した。

② 東ドイツがベルリンで東西を分ける壁を構築した。

③ ソ連がアフガニスタンに侵攻した。

④ アメリカがビキニ環礁で水爆実験を行った。

(2015年センター試験政治・経済本試)

3 1950年に，国連総会にも国際の平和と安全のための集団的措置に関する権限が与えられたが，その内容を示すものとして最も適当なものを次の①〜④のうちから一つ選べ。

① 総会は，朝鮮戦争を契機に，「平和のための結集」決議を採択した。

② 総会は，キューバ危機を契機に，ソ連の除名決議を採択した。

③ 総会は，ベトナム戦争解決のため，インドシナ半島への国連軍の派遣を決定した。

④ 総会は，カンボジア紛争の解決のため，START(戦略兵器削減条約)を締結した。

(2005年センター試験政治・経済本試)

4　日本の国際貢献のあり方をクラスで発表した生徒Xと生徒Yらは，日本の開発協力に向けて国民の関心と理解を高めることが重要だと述べた。これについて他の生徒から，「日本の税金や人材によって他国を援助する以上，国民の理解を得るには，日本が他国を援助する理由を示す必要があると思います。X，Yらはどう考えますか。」との質問が出た。これに対しXとYらは，日本が援助を行う理由を説明した。次のノートはそのメモである。

　経済格差や社会保障の問題など，国内にも対処しなければならない問題があることは確かです。しかし，それでもなお，日本の税金や人材によって他国を援助する理由はあると思います。

ア

　しかも世界では，環境問題，貧困問題，難民問題など，国内より大規模な，人類共通の利益にかかわる問題が出現しています。

イ

　このような理由からやはり，国際的な問題に日本は関心をもち，その解決のために貢献をする理由はあると，考えます。

　ノートの中の空欄　ア　では「国際貢献は日本国憲法の依拠する理念や原則に照らしても望ましい」ことを，空欄　イ　では「国際貢献は日本の利益に照らしても望ましい」ことを，それぞれ理由としてあげることにした。空欄　ア　には下の①か②，空欄　イ　には下の③か④が入る。空欄　ア　・イ　に入る記述として最も適当なものを，下の①～④からそれぞれ一つ選べ。

①　日本国憲法の前文は，平和主義や国際協調主義を外交における基本理念として示しています。この理念に基づくと，国同士が相互に尊重し協力し合い，対等な関係の国際社会を築くことが重要です。そのために，日本は国際協力を率先して行う必要があると思います。

②　日本国憲法の基本的人権の保障の内容として，他国における他国民の人権保障状況についても，日本は他国に積極的に改善を求めていくことが義務づけられています。このことは，憲法前文で示しているように，日本が国際社会の中で名誉ある地位を占めるためにも望ましいと考えます。

③　こうした中で大事なのは，日本の利益より人類共通の利益であり，日本の利益を追求していては問題を解決できないという点です。日本の利益から離れて純粋に人道的な見地から，他国の人たちに手を差し伸べる方が，より重要ではないでしょうか。

④　こうした中で大事なのは，人類共通の利益と日本の利益とが無関係ではないという点です。人類共通の利益の追求が日本の利益の実現につながりうることを考えれば，国際的な問題の解決に貢献することも日本にとって重要ではないでしょうか。

（2021年大学入学共通テスト政治・経済本試第1日目）

ア　　　　　　　イ

1　商品・資本の流れと国際収支

教科書　p.202～206

■ 自由貿易と保護貿易

【貿易の起こり】

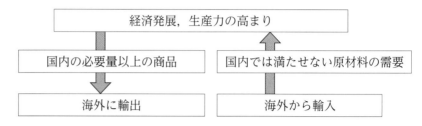

取引対象…商品だけでなく，資本，労働力，情報などにおよんでいく

【貿易の変遷】

>>> 関税・輸入制限
輸入品にかけられる税であり，輸入制限の効果をもつ。輸入制限は，そのほかに数量制限や割りあてなどによっておこなわれることもある。(→國 p.202❶)

16～18世紀　　〔①　　　　　　　　〕政策…輸入品に関税や輸入制限

19世紀イギリス　〔②　　　　　　　　〕が主張される

　　　　　　　　…貿易に対する国家の介入をやめる

→〔③　　　　　　　〕による〔④　　　　　　　　　　〕が根拠となる

> 国際分業の利益…各国がそれぞれ得意とする財の生産に〔⑤　　　　　　〕して，それを貿易しあうほうが効率的で，利益も多い

　　⇔ドイツの経済学者〔⑥　　　　　　　　〕

　　　…途上国の工業化と産業育成のために，〔①〕政策が必要だと主張

【多国籍企業と国際分業】

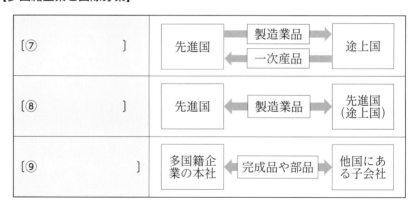

■ 国際収支

・〔⑩　　　　　　　　　〕…特定期間におこなわれた1国の国際的な経済取引を貨幣額であらわしたもの

【国際収支のおもな項目】

・〔⑪　　　　　　　　〕…財・サービスなどの取引の収支

> 貨幣を受け取る場合→プラス
> 外国へ支払う場合　→マイナス

・資本移転等収支…債務免除やインフラ無償援助など

・〔⑫　　　　　　　　　〕…金融資産・負債の取引の収支

　　　　　　　　　　　対外資産と対外負債が増加→プラス
　　　　　　　　　　　　　　　　　　　　減少→マイナス

>>>為替
遠隔地間で債権と債務を決済するしくみ。国内遠隔地間向けの内国為替もある。

・誤差脱漏…全体の調整項目（統計上の不整合）

外国為替相場のしくみ

【国際間の取引】

〔⑬　　　　　　　　　　　〕…国際間取引における決済方法

外国為替相場…自国通貨と外国通貨の交換比率

　　　　　　…外国為替市場における需要と供給の関係で決まる

　　　　　　　＝〔⑭　　　　　　　　　　　〕

【円高と円安】

〔⑮　　　　　　〕…円の価値が他国通貨と比べて**高い**状態

〔⑯　　　　　　〕…円の価値が他国通貨と比べて**低い**状態

正誤問題 //// 次の文が正しい場合には○，誤っている場合には×を（　）に記入しなさい。

1．リカードは比較生産費説で，各国が生産費の点で相対的に優位な財の生産に特化して，貿易しあうほうが，多くの財を生産できることを明らかにした。　　　（　　　　　）

2．先進国と発展途上国がたがいに工業製品を輸出しあう貿易を垂直貿易という。　　　（　　　　　）

3．経常収支には，貿易収支，サービス収支，第一次所得収支，第二次所得収支，直接投資が含まれる。（　　　　　）

4．円高になると輸出品の現地価格は低下する。　　　（　　　　　）

〔Work〕 円高と円安がもたらす影響をまとめてみよう。

円高	①輸出品の現地価格(**ア**　　　　　　)→(**イ**　　　　　　)減少→景気悪化 ②海外投資増加→現地生産の加速・国内産業の(**ウ**　　　　　) ③輸入品の価格低下→(**エ**　　　　)の安定
円安	①輸出品の現地価格低下→(**オ**　　　　　)増加→景気加速 ②製造業が(**カ**　　　　)に生産拠点を移す。 ③燃料や原材料など輸入品の価格上昇→(**エ**)上昇

◀ **exercise** 投資資金が為替市場に流入したことによって為替が大きく変動した事例にはどのようなものがあるか，60字程度でまとめてみよう。

20
40
60

2　国際経済体制の変化①

教科書　p.207〜209

大不況と第二次世界大戦

1930年代：世界的な大不況の発生

>>>〔①〕
アメリカのドルブロック，イギリスのポンドブロック，日本の円ブロック，ドイツの広域経済圏などが形成された。(→國p.207❶)

→資本主義列強は**金本位制度を廃止**し，閉鎖的な〔①　　　　　　　〕化を進めた

→各ブロック内で資源が不足，販売市場も限られる

→対外膨張へ向かい第二次世界大戦へ突入

【第二次世界大戦後】

アメリカに経済力が集中

…ヨーロッパに対して〔②　　　　　　　　　　　〕を実施

…日本に対して**ガリオア・エロア資金**による援助

IMF・GATT体制

・第二次世界大戦の反省を踏まえ，自由貿易を基本とした国際経済秩序がめざされる

→〔③　　　　　　　　　　　　〕(1944年)

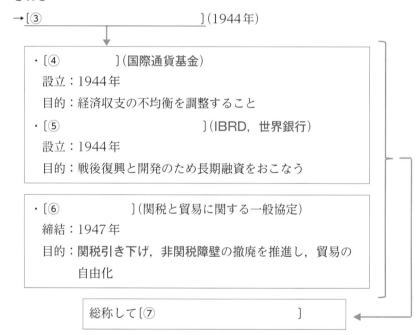

・〔④　　　　〕(国際通貨基金)

設立：1944年

目的：経済収支の不均衡を調整すること

・〔⑤　　　　　　　　〕(IBRD，世界銀行)

設立：1944年

目的：戦後復興と開発のため長期融資をおこなう

・〔⑥　　　　　　〕(関税と貿易に関する一般協定)

締結：1947年

目的：**関税引き下げ，非関税障壁の撤廃**を推進し，貿易の自由化

総称して〔⑦　　　　　　　　　　〕

【IMFが採用した２つの制度】

(1)**金・ドル本位制**…金１オンス＝35ドルと定められた米ドルを世界の〔⑧　　　　　　　〕とする

(2)〔⑨　　　　　　　　　　〕…ドルと各国通貨間の交換比率の変動を上下１％以内に抑える

【GATTの理念】

>>>〔⑪〕
通商条約などを結んだ国どうしが，関税や事業活動について，それぞれ第三国に与えた待遇よりも不利にならない待遇を与えあうこと。(→國p.208❷)

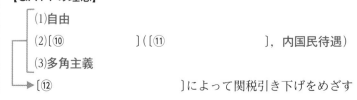

(1)**自由**

(2)〔⑩　　　　　〕(〔⑪　　　　　　　〕，**内国民待遇**)

(3)**多角主義**

→〔⑫　　　　　　　　　〕によって関税引き下げをめざす

IMF体制の動揺と変容

【基軸通貨(ドル)の信頼低下】

1960年代：アメリカの国際収支の悪化　→ドル価値に対する信頼が低下

　　　　　　　　　　↑
```
┌─────────────────────────────────────┐
│ 背景                                  │
│ 対外経済援助や軍事支出，資本輸出の増大  │
└─────────────────────────────────────┘
```

　　→各国による「ドルから金への交換」要求が激化

　　　→アメリカから金(Gold)が大量に流出

〉〉〉〔⑯〕
IMF加盟国に出資額に応じて配分される権利で，国際収支赤字で国際決済用の通貨(ドル)が不足した場合，〔⑯〕と引きかえに，外貨を豊富に保有する国から引き出すことができる。(→圏p.209❷)

1971年 8月	〔⑬　　　　　　　　　　〕 …アメリカが金・ドル交換停止を発表
1971年 12月	〔⑭　　　　　　　　　　　〕 …金価格に対するドルの切り下げ，各国通貨(円など)の対ドル切り上げ
1973年	主要各国が〔⑮　　　　　　　　　　　　〕へ移行
1976年	変動為替相場制の承認，〔⑯　　　　　　　〕(特別引き出し権)の役割を拡大 ＝〔⑰　　　　　　　　　　　　〕

正誤問題 /// 次の文が正しい場合には○，誤っている場合には×を( )に記入しなさい。

1．資本主義列強が貿易と為替管理で排他的な政策をおこないブロック経済を形成したことが，第二次世界大戦の一因となったという教訓の上に，戦後国際経済のしくみがつくられた。　(　　　)

2．ブレトンウッズ協定による戦後のIMF(国際通貨基金)は，金・ドル本位制，変動為替相場制などを主な特徴としていた。　(　　　)

Work 教科書p.208■「円相場の推移」を参照して，次の表の各事項後の円相場の説明として，正しいものを選択肢から選び記号を記入しなさい。

	事項	
1971年	ニクソンショック	
1985年	プラザ合意	
1995年	WTO発足	
2001年	ドーハラウンド開始	
2008年	世界金融危機	

ア　1ドル120円前後の水準を推移した。
イ　急激な円高で1ドル300円に近づいた。
ウ　20世紀中の最高値1ドル79円台を記録した。
エ　1年で円高が100円ほど進んだ。
オ　1ドル100円台を突破し，3年後には再び70円台を記録した。

2 国際経済体制の変化②

教科書 p.209〜213

▌南北問題

南 発展途上国	大きな経済格差＝〔① 　　　　　　　〕
	北 先進国

経済の特徴
〔② 　　　　　　　　　　　　〕…生産や輸出が，特定の**一次産品**だけ
に依存していること
→植民地時代に形成された産業構造

1961年：国連総会で「国連開発の10年」を採択

1964年：〔③ 　　　　　　　〕(国連貿易開発会議)が設立
〔④ 　　　　　　　　〕 ←第1回総会で提出
…途上国と先進国間の交易条件(貿易における商品の交換比率)の改善
→先進国が発展途上国からの輸入品に対し関税面で一方的に優遇する
〔⑤ 　　　　　　　　　〕，価格安定化のための国際商品協定を整備

▌多様化する南の世界

【資源ナショナリズムの高揚】

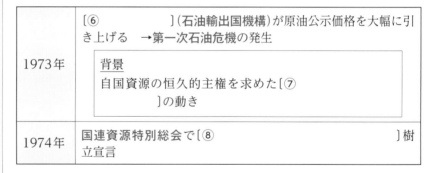

1973年	〔⑥ 　　　　　　〕(石油輸出国機構)が原油公示価格を大幅に引き上げる →第一次石油危機の発生 背景 自国資源の恒久的主権を求めた〔⑦ 　　　　〕の動き
1974年	国連資源特別総会で〔⑧ 　　　　　　　　　　〕樹立宣言

【新しい格差の発生】

〔⑨ 　　　　　　　〕…原油などの資源をもつ途上国と，資源のない途上国間
(後発発展途上国)の経済格差

【成長しはじめた発展途上国】

1970年代〜：工業製品の輸出によって成長する発展途上国の出現
＝〔⑩ 　　　　　　〕(新興工業経済群)

・東アジアNIEs…韓国，台湾，香港，シンガポールなど
→〔⑪ 　　　　　　　　　　〕による経済成長

・中南米NIEs(メキシコ，ブラジル，アルゼンチンなど)
…輸入代替工業化政策による経済成長

【累積債務問題】

1980年代：〔⑫ 　　　　　　　　　〕が表面化

〉〉〉【⑧】
天然資源に対する保有国の
恒久主権，多国籍企業に対
する規制や監視，一次産品
の国際価格の安定化などの
実現を要求した。
(→教p.210❷)

〉〉〉【⑪】
外資導入による輸出振興，
自国通貨の価値を低めに誘
導することによって輸出拡
大を狙う。(→教p.210❸)

原因

・アメリカの高金利による返済額の増大

・第一次石油危機後発生した多額のオイルダラーが，発展途上国に積極
　的に貸し付けられたこと　など

・中南米諸国では〔⑬　　　　　　　　　〕(債務不履行)の危機

→IMFはコンディショナリティを設定，〔⑭　　　　　　　　　　〕(債
　務繰り延べ)がおこなわれる

→ IMFや世界銀行が条件とした構造調整改革が厳しく，かえって経済が混乱

■ アメリカ経済の後退と国際政策協調

【石油危機後の国際経済】

単独で対処できない課題は国際協調によって対処

→〔⑮　　　　　　　　　〕(サミット)の開催

1980年代	アメリカ，レーガン大統領のもと財政赤字と貿易赤字が拡大(双子の赤字)
1985年	G5における〔⑯　　　　　　　　〕→ドル高是正によってアメリカの貿易赤字を縮小

■ GATTからWTOへ

【GATT体制】…多国間交渉(ラウンド)の実施

〔⑰　　　　　　　　　　　　〕(1986年〜1994年)

　　…農業分野，知的財産権など新たな課題を協議

【WTO体制】

〔⑱　　　　　　　　　　〕(WTO)(1995年設立)

　　…GATTよりも紛争処理手続きを大幅に強化

　　ドーハラウンド(2001年〜)…貿易を通じた途上国の開発が重要な課題

　　　　→南北間の対立などにより一括合意は断念される

〉〉〉サミット
パリ郊外のランブイエで開催され，アメリカ，イギリス，フランス，西ドイツ，イタリア，日本の6か国が参加した。翌年からカナダが参加し，各国が議長国を持ち回りで年1回開催される。1998年から2013年まではロシアも加えたG8サミットとしておこなわれた。(→䜣p.211❸)

〉〉〉G5・G7
先進5か国財務相・中央銀行総裁会議。アメリカ，ドイツ，イギリス，フランス，日本の5か国。これにイタリアとカナダが加わるとG7になる。
(→䜣p.211❹)

◀ **exercise**　自由貿易を柱とした国際経済体制にはどのようなメリットとデメリットがあるか，それぞれ50字程度でまとめてみよう。

メリット

											20
											40
											60

デメリット

											20
											40
											60

3　グローバル化と世界金融

教科書　p.214〜218

■ 経済のグローバル化

・経済のグローバル化（[① 　　　　　　　　　　]）

　→貿易，直接投資，金融の3局面で，経済活動が国境をこえ，相互依存と一体化が強まる傾向

■ 金融経済の拡大

[② 　　　　　　　　]の台頭

　→生産と販売に関する国際的ネットワークを展開

　1980年代の金融の自由化が後押し

【近年の国際金融市場】

・投機的な性格の強い[③ 　　　　　　　]が主流

　→金融取引の担い手も[④ 　　　　　　　　]が重要な役割をはたす

【金融経済への移行】

・国際的な資本移動の激増…国境をこえて移動する投機的資金が，成長が見込まれる地域や分野に集中し，[⑤ 　　　　　　　]が発生

　→先行き不安の情報が流れると，一気に資金が引き上げられバブル崩壊に

　…現代経済が実体経済から金融経済に移行

■ 90年代の通貨危機

・[⑥ 　　　　　　　　　　　]…巨額資金を集めて通貨，株式，商品などに投資し，利益を出資者に分配する投資信託

※[⑥]は本拠地を[⑦ 　　　　　　　　　　]に置くことが多い

> ・[⑥]は新興国市場で多くの短期資金を流用
> 　→バブル経済の発生と崩壊
> 　→通貨価値の変動の中，価値の急激な下落
> 　　→[⑧ 　　　　　　]
> 　　　※1997年の[⑨ 　　　　　　　　]がその典型例

■ アメリカ発の世界金融危機

【危機の発生】

> ・21世紀初頭のITバブル崩壊にともなう金融緩和
> 　→住宅ローン金利の大幅な低下
> 　→住宅投資が増加し，住宅価格が上昇を続ける
> 　→住宅価格が下落に転じると（2006年），[⑩ 　　　　]を組み込んだ債券価格が低下

> ・[⑪ 　　　　　　　　　　]の発生（2008年）
> …リーマン・ブラザーズなどの投資銀行が次々と経営破綻
> 　→世界的な金融・経済危機に発展

左欄注

>>>[③]
金融商品を取引する際のリスクを低くする方法。価格変動による損失を避けるため，あらかじめ定められた時期に定められた価格で売買する権利など，多種多様である。（→致p.215❷）

>>>[⑦]
規制がなく税率がきわめて低いことを呼び水として，金融機関や企業を誘致する国や地域である。その例として，カリブ海や地中海などの小国がある。（→致p.216❷）

>>>[⑩]
低所得者層など信用力（返済能力）の低い人を対象とした住宅ローン。高金利のローンだが，当初数年間の返済は低く抑えられ，借り手はこの間に値上がりした住宅を担保に，より低金利のローンに借りかえることで返済が可能であるとして販売された。（→致p.216❺）

【危機の再発防止】

国際的な金融規制の強化：G20による対応

　…銀行の自己資本比率を高めに維持する規制

・国際的な資本取引に課税するしくみ（[⑫　　　　　　　　　]）が構想されている

〉〉〉G20
2008年に金融危機への対策を協議する首脳会議（「金融サミット」）が開催され，これを機に，国際経済問題を討議する中心的な会合としてG20が定例開催されるようになった。G20には，中国，インドやブラジルなど11の新興国を加えた19か国と地域（EU）が参加している。

■ グローバル化の問題点

・不平等の拡大…生産拠点の海外移転による雇用喪失や非正規労働者の増加

・「底辺への競争」…各国が福祉水準や環境規制，法人税率などを下げ，企業の海外流出を防ぐ

　　→企業には利益，労働者には損失

　　（例）タックス・ヘイブンを活用した多国籍企業の租税回避が問題に

・市場のルールや公的な規制を，国際的に標準化・共通化する必要性

■ 「コロナ禍」とグローバル化への影響

・コロナ禍によるグローバル化の一時的な中断

　　→人と人の接触が制限される中，オンラインビジネスの重要性の高まり

　　…[⑬　　　　　　　　　]とよばれる企業が好業績

正誤問題 次の文が正しい場合には○，誤っている場合には×を（　）に記入しなさい。

１．1997年に生じたアジア通貨危機の原因はIMF（国際通貨基金）による過剰な投資にあったとされる。
　　（　　　）

２．グローバル化の進展は，進出先の工業化を促進し雇用や所得を創出させるいっぽうで，雇用の喪失や
　　非正規労働者の増加などによる中間層の没落を生み出した。　　　（　　　　）

Check! 資料読解 教科書p.217**5**「法人税率の推移」　なぜ法人税率の引き下げ競争が加速していくのか，その理由をp.218**6**「法人税率と企業誘致の関係」を見て考えよう。

法人税率が低いA国と，税率が高いB国があるとする。企業が外国に法人を作るとすると，（ア　　　　　）国に建設することが考えられ，企業を誘致できない（イ　　　　　）国の税収は減ってしまう。よって，各国は国際競争力を保つために法人税率を引き下げざるを得ない。

---

exercise グローバル化によって生み出された格差を解消するにはどのような対応が必要だろうか，100字程度で説明してみよう。

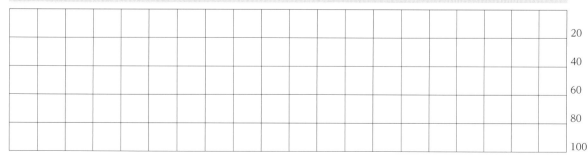

4　地域経済統合と新興国の台頭①

教科書　p.219～222

■地域経済統合

1990年代以降

　…地域経済統合が，特定の国や地域間における貿易自由化の動きとして進行

・[①　　　　　　　　](自由貿易協定)…関税引き下げや撤廃をめざす

・[②　　　　　　　　](経済連携協定)…貿易の自由化のほか，人の移動や投資など幅広い分野での自由化

【北米・南米の動き】

・[③　　　　　　　　　](北米自由貿易協定)(1994年発足)…アメリカ，カナダ，メキシコによる地域経済統合

　→再交渉の結果，2020年に[④　　　　　　　　](アメリカ・メキシコ・カナダ協定)が発効

・[⑤　　　　　　　　　　](南米南部共同市場)(1995年発足)…ブラジル，アルゼンチンなど南米6か国による地域経済統合

【アジア・環太平洋の動き】

・[⑥　　　　　　　　　　](東南アジア諸国連合)(1967年発足)…アジア地域のゆるやかな連合

・[⑦　　　　　　　　　](アジア太平洋経済協力)(1989年発足)…アジア太平洋地域で21の国・地域が参加する地域協力組織

・[⑧　　　　　　　　](地域的な包括的経済連携)(2020年署名)

・[⑨　　　　　　　](環太平洋パートナーシップ協定)(2006年発足)…4か国ではじまった経済連携協定で，アメリカや日本も加わり(アメリカは離脱)，11か国でCPTPP(TPP11)として2018年に発効

　→アメリカは二国間の貿易交渉を優先し，2019年には，日本との間で日米貿易協定を締結

■EUの成立

1952年	[⑩　　　　　　　　](欧州石炭鉄鋼共同体)…独仏国境付近の重要資源を6か国で共同管理しようとして結成
1958年	1957年のローマ条約によってEEC(欧州経済共同体)が発足
1967年	ECSC, EEC, EURATOM(欧州原子力共同体)が統合され，[⑪　　　　　　　　　　]が発足
1970年代	加盟国を拡大しながら為替制度の共通化をめざす→90年代の経済通貨同盟(EMU)となる
1993年	[⑫　　　　　　　　　　　]が発効して[⑬　　　　　]が発足
1998年	欧州中央銀行(ECB)が設立される
1999年	[⑭　　　　　　　　]が導入され，2002年に流通開始

〉〉〉【⑨】
関税の撤廃を原則とし，農産物や工業製品のほか，サービス・金融・投資・労働・政府調達など広範囲な分野の完全自由化を目標としている。(→教p.221❶)

〉〉〉【⑭】
スウェーデン，デンマークなど，EUに加盟していても独自通貨を維持している国がある一方，EUに加盟していなくても[⑭]を通貨として使用している国・地域もある。(→教p.221❸)

▌EUの課題

・各国別に運営される財政面の制度の違いは未解消

【ユーロ危機】

ユーロ加盟には厳しい条件

　→［⑮　　　　　　　　　　］がユーロ加盟条件にあうよう財政赤字削減の操作を

　おこなう　→ユーロの信認が揺らぐ

【加盟国拡大による域内格差】

西欧・北欧諸国	南欧諸国	中・東欧諸国
製品輸出が好調，経常収支が黒字 移民労働者との共生が課題	製造業が停滞し，経常収支の赤字が続く	低所得国が多く，多くの労働者が西欧・北欧諸国に　→摩擦

・［⑯　　　　　　　　　　］は2016年の国民投票でEU離脱を決定

　→2020年に離脱

▌正誤問題 /// 次の文が正しい場合には○，誤っている場合には×を（　）に記入しなさい。

1．市場統合を実現したEUだが，東欧の旧社会主義諸国は加盟していない。　（　　　　）

2．日本はアジア太平洋経済協力会議（APEC）に参加しているが，特定の国や地域との自由貿易協定
　（FTA）や経済連携協定（EPA）は締結していない。　　（　　　　）

［Work］　教科書p.221❷「ヨーロッパ統合の歩み」　次の表の空欄にあてはまる語句を語群から選び，
記号で答えなさい。

1952年	（①　　　　　　）発足
1967年	（②　　　　　　）発足
1993年	（③　　　　　　）条約発効，（④　　　　　　）発足
1999年	（⑤　　　　　　）導入
2009年	（⑥　　　　　　）条約
2020年	（⑦　　　　　　）がEUから離脱

〈語群〉

ア　ユーロ　　　　イ　欧州石炭鉄鋼共同体

ウ　欧州共同体　　エ　マーストリヒト

オ　イギリス　　　カ　リスボン

キ　欧州連合

◀ exercise　地域経済統合の長所と短所を，EUを例にそれぞれ60字程度でまとめてみよう。

長所

																			20
																			40
																			60

短所

																			20
																			40
																			60

4 地域経済統合と新興国の台頭②

教科書　p.223〜226

■ 中国の動向

【中国経済の成長要因と近年の動向】

1978年：〔①　　　　　　　　　　　〕…経済特区を中心に外国資本を導入，雇用を増やして技術導入をはかる
→高い経済成長率を継続

1993年：憲法改正…社会主義の政治体制下で市場経済への移行をめざす
〔②　　　　　　　　　　〕がうたわれる

2001年：WTO加盟…「〔③　　　　　　　　〕」としての役割を担う一方，世界最大の人口と中間所得層の増加により「〔④　　　　　　　〕」に

2013年：〔⑤　　　　　　　〕構想が打ち出される…アフリカやアジアの国々のインフラ整備をおこなう
→2015年には〔⑥　　　　　　　　　〕（AIIB）が発足，「〔⑦　　　　　〕の国際化」がめざされた

【中国の課題】

・富裕層と貧困層との所得格差がきわめて大きい
・都市部の大気汚染，資源の大量消費

【中国の近年の政治】

・1997年に中国へ返還された香港に対して〔⑧　　　　　　　〕を採用
→2020年，香港国家安全維持法の制定により事実上一体化

■ 新興国の台頭

【存在感を高める新興国】

・〔⑨　　　　　〕

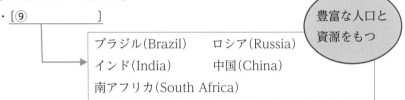

ブラジル(Brazil)　ロシア(Russia)
インド(India)　中国(China)
南アフリカ(South Africa)

豊富な人口と資源をもつ

【ブラジル】

・鉄鉱石や大豆などの輸出と国内消費の活性化により好況に
・不良住宅地区の拡大，アマゾンの熱帯林消失などが課題
→福祉の向上と環境保全のための公共政策の拡充が求められる

【ロシア】

・石油や〔⑩　　　　　　　〕などの資源輸出が経済発展の基本戦略
→景気が資源価格の動向に左右されやすい
・〔⑪　　　　　　　〕問題による欧米諸国からの経済制裁

【インド】

・IT産業の育成に注力
…外国企業から業務受託する〔⑫　　　　　　　　　　〕の伸長
・高い貧困率(国民の約12%)などが課題

〉〉〉〔⑥〕
アジア地域のインフラ整備を進めるために，中国・インド・ASEAN諸国・欧州諸国など多くの国が参加する国際金融機関。2020年時点で日本は非加盟。(→豳p.223❶)

〉〉〉〔⑧〕
香港とマカオにおいて，返還後50年は経済的・法的な制度の現状を維持し，将来的な平和統一につなげるしくみ。(→豳p.224❶)

【南アフリカ】

・金・ダイヤモンドなど鉱業部門を中心に成長戦略を進める

・アフリカ系住民の約8割は貧困・低所得状態，高い失業率，インフラ整備の
　遅れなど多くの課題

【アジア・太平洋地域の動向】

・シンガポール…地域のビジネスセンターとして発展

・ベトナム…[⑬　　　　　　　　　]政策以来，製造業の著しい成長

■ 国際経済の新たな対立

【米中の経済対立】

・「アメリカ第一主義」を掲げるトランプ大統領が関税措置を発表

　　←中国も同様の関税措置をとり対立が深刻化

　　　→米中経済貿易協定の締結

【中国の経済】

・5Gなどの先端技術分野，情報通信分野でもシェア拡大

　　→アメリカとの覇権争いの様相も

・米中対立のなか，経済関係は切り離すべきという議論も（デカップリング）

正誤問題 /// 次の文が正しい場合には○，誤っている場合には×を（ ）に記入しなさい。

１．一帯一路構想には，アメリカや日本も含まれている。　　（　　　　）

２．「世界の工場」としての役割を果たす中国は，近年の発展により，「世界の市場」としての役割も担って
　いる。　　（　　　　）

３．中国の経済収支は常に赤字である。　　（　　　　）

４．2000年以降はアメリカより中国のほうが貧富の格差は大きい。　　（　　　　）

---

exercise 中国とインドの経済成長の要因と課題について，それぞれ100字程度でまとめてみよう。

中国

（20／40／60／80／100 の原稿用紙マス）

インド

（20／40／60／80／100 の原稿用紙マス）

5 地球環境とエネルギー

教科書　p.227〜230

地球規模の環境問題

【地球環境問題の特徴】

・地球環境問題…地球温暖化，オゾン層の破壊，森林の減少など

❶問題そのものが国境をこえ，地球規模の空間的広がりをもつ

❷発展途上国の経済発展により生態系や資源への開発圧力が高まった結果，深刻化している

❸途上国自身のみならず先進国の経済活動も間接的に途上国の環境問題を悪化させている

【国際的な対応】

1972年	[① 　　　　　　　]　背景 ・先進国の公害問題，レイチェル・カーソン『沈黙の春』など
1987年	環境と開発に関する世界委員会が「われら共通の未来」発表 …[② 　　　　　　　]の考え方を提唱
1992年	[③ 　　　　　　　](地球サミット) …気候変動枠組条約，生物多様性条約などを採択 　→その後の地球環境問題への国際的取り組みの出発点に
2001年	ミレニアム開発目標([④ 　　　　])の採択
2012年	国連持続可能な開発会議(リオ＋20)
2015年	持続可能な開発目標([⑤ 　　　　])の策定

環境保全をめぐる国際協力

1987年	[⑥ 　　　　　　　] …フロンガスを規制し，オゾン層を保護
1997年	[⑦ 　　　　　]…温暖化防止
2010年	[⑧ 　　　　　　]…生物多様性の保全 遺伝資源を利用した場合，利益を原産国と利用国で分けあう

【地球温暖化防止の取り組み】

・1997年：COP3の開催…[⑦]の採択

　→先進国全体で1990年比5.2%の温室効果ガスの排出削減義務

　　→中国など新興国が含まれない

　　　　　　　　↓

・2015年：[⑨ 　　　　　]採択

　…世界平均気温の上昇を2℃未満に抑え，今世紀後半までに実質的に温室効果ガス排出ゼロに

　　→低炭素から脱炭素に

エネルギー政策の変革

・一次エネルギー消費で原子力比率が低下

〉〉〉【②】
将来の世代が享受する経済的，社会的な利益を損なわない形で，現在の世代が環境を利用していこうとする考え方。環境を保全してこそ将来の社会発展が保障される。(→教 p.227❶)

〉〉〉**生物多様性条約**
生物多様性の保全とその持続可能な利用，生物のもつ遺伝資源の利用から生じる利益の公正な配分を目的として，1993年に締結された。名古屋議定書では，遺伝資源を利用した場合に，その利益を原産国と利用国で分けあうことを決めた。(→教 p.228❷)

…[⑩　　　　　　　　　　　　　　　　　]比率の上昇
・電源構成比でも[⑩]と天然ガスの比率が上昇
背景
・福島第一原発事故による原子力発電のコスト上昇
・化石燃料の依存が減少
・[⑪　　　　　　　　　　　　　　　](FIT)により再エネ発電政策促進

■ 持続可能な社会を求めて

・持続可能な社会…環境を保全しつつ経済成長を達成できる社会
　　→新しい経済発展モデルの模索
・地球規模の環境問題の解決には国際協調の取り組みが必要
　　→地域から具体的な行動を起こすことが重要(Think Globally,Act Locally)

Check! 資料読解　① 教科書p.229 **2**「世界の一次エネルギー消費割合の推移」 以下の文章のうち正しいものはどれか答えなさい。
①原子力の割合は，90年代以降は再生可能エネルギーを上回ったが，近年再び下回った。
②石油の割合は一貫して40%を超えている。
③再生可能エネルギーの割合は現在10%を上回っている。
④1970年代は石油と石炭の割合がともに40%を超えていたが，現在は30%前後で推移している。

② 教科書p.229 **3**「主要国の発電電力量の電源構成」 以下の文章のうち正しいものはどれか答えなさい。
①ヨーロッパ諸国では脱原子力が進んでおり，どの国でも原子力の割合が最も低い。
②アメリカでは天然ガスの割合が最も高い。
③各国とも再生可能エネルギーの割合は最も低くなっている。
④中国は天然ガスを発電に用いていない。

exercise 持続可能な社会を作るために，私たちがいまできることは何か，150字程度でまとめてみよう。

												20
												40
												60
												80
												100
												120
												140
												160

6 経済協力と人間開発の課題

教科書　p.231〜234

■貧困の克服と国際協力

【発展途上国の現状】

[① 　　　　　　　　　]…1日2.15ドル未満の収入で生活する人々

　…世界人口の約8%(2019年)

・多くの課題…モノカルチャー経済，人口爆発，食料危機と飢餓，[② 　　　　　]など

　→自然災害のほか，行政や政治の失敗によるものが多い

【途上国への援助】

・民間企業による直接投資

・[③ 　　　　　　　　　　　]

　…先進国による経済協力開発機構([④ 　　　　　])の**開発援助委員会**

　([⑤ 　　　　])で国家間の政策調整をしながら実施

【国連の取り組み】

2001年：国連ミレニアム開発目標([⑥ 　　　　])の決定

　　　…2015年までに達成すべき8項目

　　　→貧困撲滅は進展したが，未達成の課題も多く残る

2015年：持続可能な開発目標([⑦ 　　　　])の採択

　　　…2030年までに達成すべき17項目

> ・あらゆる形の貧困の撲滅
> ・男女平等の達成
> ・持続可能な生産および消費パターンの確保　など

・国連開発計画([⑧ 　　　　])はGNIにかわる開発指標として[⑨ 　　　　　　]を掲げる

> 平均寿命，就学年数，1人当たりGNIをもとに算出される，各国の国民生活の豊かさを示す指標

■日本のODAと課題

【日本のODAの特徴】

❶ODA総額は世界有数

❷有償の[⑩ 　　　　](貸し付け)の割合が高い

❸ダムや港湾などの[⑪ 　　　　　　　]整備に重点

　→「ひもつき援助」の割合は減少

【ODA対象国への日本の要求】

・「ODA大綱」…民主化・市場経済化の推進などの諸条件を規定

　→「[⑫ 　　　　　]」に名称変更(2015年)…国益の確保に貢献することを明記，ODAの積極的運用と戦略性強化の方針

〉〉〉[④]
近年，[④]非加盟国が貧困国への政府開発援助を供与しはじめている。このなかで最大の援助国は中国である。(→敎p.231❶)

貧困削減への新たな動き

【貧困削減に向けた支援】

・〔⑬　　　　　　　　　　　　　　　〕などが現地社会との直接交流や取り組みを

　組織

例：〔⑭　　　　　　　　　　　〕

　…発展途上国の原料や製品などを，適正な価格で継続的に購入する

　→立場の弱い現地生産者や労働者の生活改善・自立

〔⑮　　　　　　　　　　　　　　　　〕…高い公共性をもつ企業活動

　・グラミン銀行のような〔⑯　　　　　　　　　　　　　〕

途上国の貧困層を「〔⑰　　　　　　　　　〕」として重視する企業も

　→企業の社会的責任（ＣＳＲ）の視点から，便利で安価な日常品の販売を通じ

　　て貧困層の生活改善に寄与

　　先進国への移住者や出稼ぎ労働者が，賃金の一部を母国に送金する**移民送**

　　金も急増

〉〉〉**グラミン銀行**
ベンガル語で「村の銀行」の意味。1976年にモハメド・ユヌスが創設し，担保能力の無い最貧困層に少額の融資をして小規模事業の立ち上げを支援してきた。（→圏p.233❷）

正誤問題 //// 次の文が正しい場合には○，誤っている場合には×を（　）に記入しなさい。

１．日本のODAは無償援助の割合が高い。　　（　　　　　）

２．日本のODAの実績額は現在も１位となっている。　　（　　　　　）

３．サハラ以南のアフリカでは５歳未満児死亡率が５％を超える。　　（　　　　　）

４．移民送金が急増しているが，過度な依存は国の経済発展を阻害する。　　（　　　　　）

Check! 資料読解 教科書p.232の資料**1**「主要国のODA実績額推移と対GNI比率」を参照して，日本のODAの課題は何か読み取り，次の文章の空欄にあてはまる語句を書きなさい。

日本のODAの対GNI比率は国際目標の〔ア　　　　　〕％を大きく下回る〔イ　　　　　〕％となっており，その達成を目指すことが必要である。

exercise 途上国の貧困削減のために何が求められているか，100字程度でまとめてみよう。

																				20
																				40
																				60
																				80
																				100

Check ✓ 重要用語

1. 商品・資本の流れと国際収支

❶貿易に対する国家の介入をやめ，自由貿易をおこなうことが利益になるとして，自由貿易に理論的根拠を与えたイギリスの経済学者。　❶

❷比較生産費説にもとづく自由貿易に反対し，後進国は保護貿易政策が必要であると主張したドイツの経済学者。　❷

❸国際収支のうち財・サービスの取引。　❸

❹1ドル100円から1ドル80円になると，ドルに対する円の価値があがる。この為替レートの変化を何というか。　❹

2. 国際経済体制の変化

❺1944年に連合国44か国の代表により，ブレトンウッズ協定によって設立された二つの金融機関。　❺

❻1971年にアメリカ大統領のニクソンによって発表された，新経済政策の具体的内容とは何か。　❻

❼先進国むけの特定の一次産品の生産にかたよった途上国の経済。　❼

❽ウルグアイラウンドを契機として1995年に設立された，GATTに比べて紛争処理手続きが大幅に強化された正式な国際機関。　❽

3. グローバル化と世界金融

❾複数国に生産・流通・販売拠点をもち，世界規模で経営をおこなう企業。　❾

❿2008年のリーマン・ショックをもたらした，アメリカで信用力(返済能力)の低い借り手(サブプライム層)に販売されたローン。　❿

⓫投機的取引を抑制する効果をもち，国際的な資本取引に課税する税のしくみ。　⓫

4. 地域経済統合と新興国の台頭

⓬関税の撤廃を原則とし，農産物や工業製品のほか，サービス・金融・投資・労働・政府調達など広範囲な分野の完全自由化を目標としている協定。　⓬

⓭独仏国境付近の重要資源を6か国で共同管理しようと1952年に設立された機構。　⓭

⓮1993年改正の中国憲法でうたわれた，社会主義の政治体制の下で市場経済への移行をめざす体制。　⓮

⓯アジアとヨーロッパを陸路と海路でつないで物流を促進することをめざす，中国が打ち出した事業。　⓯

⓰21世紀の経済大国といわれているブラジル，ロシア，インド，中国，南アフリカの国々の総称。　⓰

⓱2015年にアジア地域のインフラ整備をすすめるために，中国・インド・ASEAN諸国・欧州諸国など57か国の参加のもとに創設された組織。　⓱

5. 地球環境とエネルギー

⓲フロンガスを規制しオゾン層を保護するために採択された議定書。　⓲

⓳1997年の気候変動枠組条約第3回締約国会議(COP3)で，CO_2排出量削減を決定した議定書。　⓳

⓴産業革命前からの世界平均気温の上昇を2℃未満に抑え，今世紀後半までに温室効果ガスの排出を実質的にゼロとすることがうたわれた協定。　⓴

㉑再エネ発電を一定の価格で電力会社に買い取らせる制度。　㉑

❷日本が，1992年にODA供与について，開発と環境の両立，軍事目的への使用の　❷
回避など4原則をかかげた大綱。

___

❸立場の弱い現地生産者や労働者の生活改善や自立を目的に，発展途上国の原料や　❸
製品などを適正な価格で継続購入すること。

___

演習問題

□1　次の表はA，B各国で，工業製品と農産品をそれぞれ1単位生産するのに必要な労働者数をあらわ
す。これらの生産には労働しか用いられないとする。また，各国内の労働者は，この二つの産業で全
員雇用されるとする。この表から読みとれる内容について，下の文章中の　ア　，　イ　に入る語句
の組合せとして正しいものを，下の①〜④のうちから一つ選べ。

	工業製品	農産品
A国	2人	4人
B国	12人	6人

いずれの産業においてもA国はB国よりも労働生産性が　ア　。ここで農産品の生産をA国が1単位
減らしB国が1単位増やすとする。すると生産量の両国の合計は，農産品では変わらないが工業製品
については　イ　増える。

①　ア　高い　イ　1.5単位　　　②　ア　低い　イ　1.5単位

③　ア　高い　イ　0.5単位　　　④　ア　低い　イ　0.5単位

（2011年センター試験政治・経済本試）

□2　ドルに対する円の為替相場を上昇させる要因として最も適当なものを，次の①〜④のうちから一つ
選べ。

①　日本からアメリカへの輸出が増加する。

②　アメリカの短期金利が上昇する。

③　日本銀行が外国為替市場で円売り介入を行う。

④　投資家が将来のドル高を予想して投機を行う。

（2006年センター試験政治・経済本試）

③　地域的経済統合の代表的な形態としてFTA（自由貿易協定）やEPA（経済連携協定）がある。日本の企業経営者が下のように発言すると想定して，その発言内容が現実のFTAやEPAのあり方に照らして適当でないものを，次の①〜④のうちから一つ選べ。

①　「政府がメキシコとEPAを結んでくれたから，メキシコ市場でアメリカやカナダと対等に近い条件で競争できるようになって助かったよ。」

②　「海外の専門的人材を活用したいわが社としては，日本が最近のEPAで看護師や介護福祉士の候補者などを受け入れ始めているのは興味深いわね。」

③　「日本以外の国々の間で結ばれたFTAやEPAからも，WTO（世界貿易機関）の最恵国待遇の原則を通じて利益を受けることができるわね。」

④　「ウチは国内市場で勝負しているから，EPAが結ばれると輸入品との競争が激しくなってかえってつらいかもな。」

（2012年センター試験政治・経済追試）

④　生徒Yは，貧困のない世界をめざした多様な活動の例として，まず，マイクロファイナンス（マイクロクレジット）について発表することにした。次の資料はその発表用のスライドの一部である。資料中の空欄　ア　，　イ　に入る語句の組合せとして最も適当なものを，下の①〜④のうちから一つ選べ。

貧困のない世界をめざした多様な活動①
～マイクロファイナンスの紹介～

◇マイクロファイナンス（マイクロクレジット）とは？

　┗ 貧困層や低所得層向けの少額融資などの金融サービス

　　融資は　ア　で行われるとされる。

◇この活動の具体例

　┗　イ

　　　バングラデシュで設立。高い返済率を記録。
　　　2006年にノーベル平和賞を受賞。

---

①　ア　担保付き　　イ　グラミン銀行
②　ア　担保付き　　イ　アジアインフラ投資銀行
③　ア　無担保　　　イ　グラミン銀行
④　ア　無担保　　　イ　アジアインフラ投資銀行

（2021年大学入学共通テスト政治・経済本試第1日程）

5　次の表は，内閣府が2018年に実施した「外交に関する世論調査」における，「開発協力による開発途上国への支援についてどのような観点から実施すべきだと思うか」という質問に対する回答結果をまとめたものである。

生徒Xらはこの表をどのように説明することができるのか，考え始めた。表を解釈して読み取ったものとして最も適当なものを，下の①〜④のうちから一つ選べ。

【回答項目】				
ア＝エネルギー資源などの安定供給の確保に資するから				
イ＝国際社会での日本への信頼を高める必要があるから				
ウ＝開発協力は日本の戦略的な外交政策を進める上での重要な手段だから				
エ＝中小企業を含む日本企業や地方自治体の海外展開など，日本の経済に役立つから				
オ＝先進国として開発途上国を助けるのは人道上の義務又は国際的責任だから				

【回答結果】						
年齢階級	該当者数（人）	回答項目（複数回答可）（％）				
		ア	イ	ウ	エ	オ
18〜29歳	162	44.4	58.6	34.0	43.2	23.5
30〜39歳	194	50.0	39.7	43.8	43.8	32.0
40〜49歳	277	52.7	49.5	38.3	43.3	39.7
50〜59歳	269	53.9	51.3	44.2	43.9	39.0
60〜69歳	284	56.3	50.4	47.9	38.0	46.5
70歳以上	356	43.8	36.5	37.6	30.9	36.2

(注)集計対象は「今後の開発協力のあり方」に関する調査に対して回答した1,663人のうち，「積極的に進めるべきだ」（32.0％），「現在程度でよい」（48.2％），「なるべく少なくすべきだ」（12.5％）と回答した者。なお，回答結果は多肢選択・複数回答可である。また，回答項目の一部を省略している。

(出所)内閣府webページにより作成。

①　18〜29歳の年齢階級では，国際社会での日本への信頼を高めるために開発協力を行うべきであるとの観点を支持する回答の比率が最も高いのに対し，先進国として開発協力を行うことは人道上の義務であり国際的責任であるとの観点を支持する回答の比率は最も低い。

②　18〜29歳の年齢階級を除くすべての年齢階級において，日本企業などが海外展開しやすくするなど，日本経済の発展に貢献することを目的として開発協力を行うべきであるとの観点を支持する回答の比率が最も高い。

③　30〜39歳の年齢階級と40〜49歳の年齢階級との回答の比率を比べると，資源を確保するために開発協力を利用するべきであるとの観点を支持する回答項目において，両年齢階級の差が最も小さい。

④　50〜59歳の年齢階級と60〜69歳の年齢階級との回答の比率を比べると戦略的な外交政策を推進するために開発協力を利用するべきであるとの観点を支持する回答項目において，両年齢階級の差が最も大きい。

(2021年大学入学共通テスト政治・経済本試第1日程)

1 紛争の解決に向けた国際社会の取り組み

教科書　p.236〜237

振り返りチェック⤷

① 教科書p.197 **Skill up** ▶ **1**「主な国の難民発生数と難民の移動」，**2**「難民と国内避難民の推移」，**3**「日本の難民申請者数と認定数の推移」を参考にして，次の文章のうち正しいものをすべて選びなさい。

ア．2005年以降，世界では，国内避難民よりも難民数の増加の方が大きい。

イ．2010年以降，世界の難民は年々増加し，日本への難民認定申請者数も毎年前年を上回っている。

ウ．日本の難民認定数は，難民認定申請者数の増加とともに増えてきた。

エ．2019年の日本の難民認定率は，1％未満である。

オ．2022年時点で，難民は中東やアフリカ，アジアまで広い地域で発生しているが，難民の移動先は隣接する地域だけではなく，遠く離れたヨーロッパ地域に及ぶこともある。

〔　　　　　　　　〕

② 教科書p.194「紛争を引き起こす要因」を参考にして，次の要因で紛争が起きた国や地域を調べ，名称を下から選び，記号で書きなさい。

ア．植民地支配の負の遺産として，列強による恣意的な植民地分割がなされたことで，複雑な民族的・宗教的状況を抱えている。 〔　　　〕

イ．冷戦終結と連動して共産党支配が揺らいだことで，内政が不安定になり，民族紛争が起きた。

〔　　　〕〔　　　〕

ウ．絶対的貧困を背景にした部族間紛争が起きた。 〔　　　〕

エ．「アラブの春」による混乱もあって，政府軍と反体制派との間で内戦に陥った。 〔　　　〕

①シリア　②ボスニア・ヘルツェゴビナ　③アフリカ　④ソマリア　⑤コソボ

③ 教科書p.195「難民の発生」を参考にして，次の文章の空欄に入る語句の組み合わせとして正しいものを選びなさい。

　紛争や戦争，革命，（ X ）的迫害などにより本国を離れ，保護を求めている（ Y ）は，2000万人をこえる(2019年)。国連は，（ Y ）条約の採択と国連（ Y ）高等弁務官事務所(UNHCR)の設置により，（ Y ）の（ Z ）的保護と救援活動を進めている。また，（ Y ）条約の締約国は，（ Y ）を迫害するおそれのある国へ送還することが禁止されている。

ア．X：経済　　Y：難民　　Z：人道

イ．X：経済　　Y：避難民　Z：人道

ウ．X：政治　　Y：難民　　Z：国際

エ．X：政治　　Y：避難民　Z：国際

オ．X：経済　　Y：難民　　Z：国際

カ．X：経済　　Y：避難民　Z：国際

キ．X：政治　　Y：難民　　Z：人道

ク．X：政治　　Y：避難民　Z：人道

●紛争の解決に向けた国際社会の取り組み

Try！ アフガニスタンが紛争状態に陥っている歴史的な経過について，次のチャート図で整理しよう。

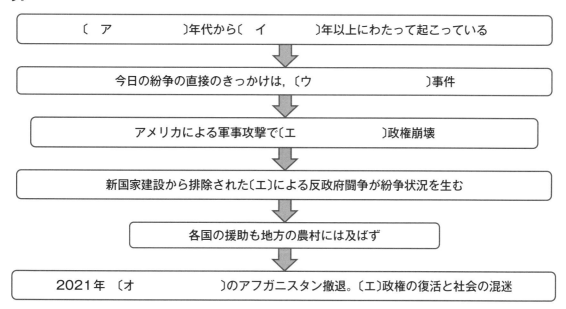

〔 ア 　　　　　〕年代から〔 イ 　　　〕年以上にわたって起こっている

↓

今日の紛争の直接のきっかけは，〔ウ 　　　　　〕事件

↓

アメリカによる軍事攻撃で〔エ 　　　　　〕政権崩壊

↓

新国家建設から排除された〔エ〕による反政府闘争が紛争状況を生む

↓

各国の援助も地方の農村には及ばず

↓

2021年 〔オ 　　　　　〕のアフガニスタン撤退。〔エ〕政権の復活と社会の混迷

CASE 1 教科書p.237「日本政府主導の取り組み」やUNHCR日本のホームページ (https://www.unhcr.org/jp/42205-pr-211027.html) を参考に，日本がアフガニスタンにどのような支援を行っているか調べ，その特徴を書きなさい。

日本政府主導の取り組み	「アフガニスタン及び周辺国の人道支援のための緊急無償資金協力」

CASE 2 教科書p.237「ペシャワール会の取り組み」を参考に，紛争の解決に向けて，市民やNGOはどのような活動ができるのか話し合ってみよう。

ペシャワール会の活動の特徴

紛争の解決のために市民やNGOができる取り組みとは？

※参考：ペシャワール会ホームページ　http://www.peshawar-pms.com/index.html

2 グローバル化にともなう人々の生活や社会の変容

教科書　p.238〜239

振り返りチェック⤶

①教科書p.217**4**「所得層別の実質所得の変化」を参考にして，次の文章のうち正しいものをすべて選びなさい。

　ア．1998年からの所得の伸び率でみると，所得を伸ばしているのは，先進国の中間層である。
　イ．1998年からの所得の伸び率でみると，所得を伸ばしているのは，先進国の富裕層である。
　ウ．1998年からの所得の伸び率でみると，所得を伸ばしているのは，新興国の中間層である。
　エ．1998年からの所得の伸び率でみると，所得を伸ばしているのは，新興国の貧困層である。

〔　　　　　　　〕

②教科書p.217を参考に，経済のグローバル化のメリットとデメリットをまとめなさい。

メリット	デメリット

③教科書p.157**7**「合計特殊出生率の国際比較」およびp.124**3**「人口構成の推移」のグラフからわかることを書きなさい。

④教科書p.151**5**「外国人労働者」を参考に，近年，日本では農業や建設などの分野で多くの外国人が働いている。これらの外国人労働者はどのような制度を利用して来日しているのだろうか。

〔　　　　　　　〕

⑤教科書p.151**5**「外国人労働者」を参考に，近年，日本で外国人労働者が増えていることで，課題となっていることを書きなさい。

⑥教科書p.195「人種・民族問題の解決にむけて」を参考に，異文化理解にかかわりの深い次の用語A〜Cと，ア〜ウの説明を組み合わせなさい。

　A　マルチカルチュラリズム　　説明(　　　)　　B　ステレオタイプ　　　　説明(　　　)
　C　エスノセントリズム　　説明(　　　)

　ア．単純な二分法や固定的なパターンにより，事実を認識したり理解したりするとらえ方及びとらえられたイメージ。
　イ．様々な文化にはそれぞれ違いは見られるが優劣はないとし，文化的な多様性を尊重する主張。
　ウ．自民族の文化の優越性を主張し，自らの基準をもって異文化を過小に評価する考え方。

● グローバル化にともなう人々の生活や社会の変容

CASE **1** 教科書 p.238「ドイツにおける共生」と CASE **2** p.239「フランスにおける共生」を参考に、移民に対する対応について比較し、その特徴を書きなさい。

	ドイツ	フランス
移民を受け入れることになった要因や背景		
移民の子どもへの対応		
移民受け入れのための施策や課題		
その他の特徴など		

Try！ **1** 異なった民族が共存している国や地域を調べ、固有の文化や宗教などを尊重した共生社会をつくるために何が必要か、まとめてみよう。

国や地域の特徴
共生社会をつくるために取り組まれていること

※参考：韓国でも外国人労働者が増加傾向─外国人労働者増加のきっかけとなった雇用許可制の現状と課題を探る─　ニッセイ基礎研究所　https://www.nli-research.co.jp/report/detail/id=61191?site=nli

2 私たちが外国人との共生をはかるために、何が必要だろうか、話しあってみよう。

あなたの考え	他の人の考え
①国や地方自治体にできること	①国や地方自治体にできること
②市民や自分ができること	②市民や自分ができること

※参考：出入国在留管理庁　外国人生活支援ポータルサイト　「外国人のみなさんへ」
https://www.moj.go.jp/isa/support/portal/index.html
※参考：多文化共生ポータルサイト（一般財団法人自治体国際化協会）
http://www.clair.or.jp/tabunka/portal/

1

2

3 イノベーションと成長市場

振り返りチェック⤴

1 教科書p.218「「コロナ禍」とグローバル化への影響」を参考にして，デジタル技術やオンラインビジネスの動向についてまとめたノートについて，空欄のア〜ウにあてはまる語句を書きなさい。

プラットフォーマー

Google，Apple，Facebook，Amazonが代表格で，頭文字をとって（　ア　）と呼ばれる，サービスやビジネスの基盤（（　イ　））を提供するIT企業。情報の（　ウ　）や富の集中による弊害も問題視されている。

ア（　　　　　　　　　　）

イ（　　　　　　　　　　）

ウ（　　　　　　　　　　）

2 教科書p.114　時事4「金融技術の発展」を参考にして，様々な技術の発展（イノベーション）が金融の世界をどのように変化させているのかをまとめたノートについて，空欄のア〜ウにあてはまる語句を書きなさい。

フィンテック

金融と情報通信技術の合成語である**フィンテック**は，これまでの金融技術とは異なる特徴を持ち，金融の世界を大きく変えつつある。

①ビットコインなどの（　ア　）が，各国の通貨や銀行ネットワークに依存しない資金取引として注目されている。

②膨大な量の（ビッグデータ）を（　イ　）で処理し，クラウドファンディングなどのネットを活用した金融取引が行われるようになった。また，（　イ　）を活用した資産運用のアドバイスなども行われる。

③スマホなどの情報端末で，金融サービスの利用が可能になり，（　ウ　）化が進展。

ア（　　　　　　　　　　）

イ（　　　　　　　　　　）

ウ（　　　　　　　　　　）

3 教科書p.127　時事8「人口減少社会の産業社会」を参考にして，技術革新（イノベーション）が社会を変化させている実例について，AI（人工知能）やIoT（モノのインターネット）の活用に触れて説明しなさい。

●イノベーションと成長市場

CASE 1 教科書p.240「スマートシティを通じたイノベーション」，**CASE 2** p.241「スマートシティの危険性」を参考に，「スマートシティ」のよい点，よくない点，気になる点を整理してみよう。

よい点　Plus	よくない点　Minus	気になる点　Interesting

Try！ 1国内外で進められているスマートシティの取り組みにはどのようなものがあるか調べてみよう。

国内の事例　（都市名：　　　　　　）
[特徴]

外国の事例　（国名：　　　　　　都市名：　　　　　　）
[特徴]

※参考：ソフトバンク　スマートシティ国内事例10選
　　　　https://www.softbank.jp/biz/future_stride/entry/technology/smartcity_20200331_1/

2これからの都市や経済成長のあり方について話し合い，以下のクラゲチャートに記入してみよう。

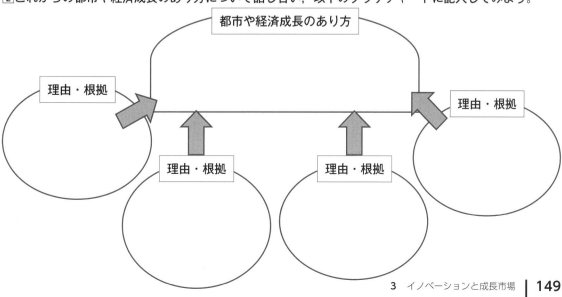

4 地球環境と資源・エネルギー問題

教科書　p.242〜243

振り返りチェック ↰

1教科書 p.228「環境保全をめぐる国際協力」を参考にして，パリ協定による国際社会による地球温暖化防止の取り組みの特徴を整理しよう。京都議定書とパリ協定を比較した表を完成させなさい。

京都議定書		パリ協定
	対象国地域	
	削減目標	
	目標達成義務	
	削減方法	

2教科書 p.229 2「世界の一次エネルギー消費の割合の推移」3「主要国の発電電力量の電源構成」から読み取れることを3つあげなさい。

3教科書 p.229「エネルギー政策の変革」を参考にして，「再生可能エネルギー」のよい点，よくない点，気になる点を整理してみよう（思考ツール：PMI）。

よい点　Plus	よくない点　Minus	気になる点　Interesting

●地球環境と資源・エネルギー問題

Try！ ①教科書p.243 **CASE 1** 「途上国の成長と地球環境」を読み，③環境クズネッツカーブについて，「所得水準」「環境汚染」の語句を使用して，その関係について説明しなさい。

```

```

②教科書p.243 **CASE 1** 「途上国の成長と地球環境」を読み，環境クズネッツカーブとは異なり，途上国の経済成長の過程で，環境汚染や温室効果ガスの排出を抑制するためには，どのような取組みが考えられるだろうか。アイディアと実現のために必要な国際協力について考えよう。

途上国の経済成長過程で取り組むこと

```

```

上記の実現のために必要な国際協力

```

```

③教科書p.243 **CASE 2** 「技術革新と地球環境」④GDPと二酸化炭素排出量の関係　日本やスウェーデンの経済成長と二酸化炭素排出量の関係について，気がつくことをあげてみよう。また，その理由や要因として考えられることをあげてみよう。

日本やスウェーデンの経済成長と二酸化炭素排出量の関係について，気がつくこと	その理由や要因

④ ②・③を参考に，これからの経済成長と環境保全のあり方について話し合ってみよう。

```

```

5 国際経済格差の是正と国際協力

教科書　p.244〜245

振り返りチェック⤴

①教科書p.231「貧困の克服と国際協力」を参考にして，UNDP（国連開発計画）がGNIにかわる指標として導入した人間開発指数（HDI）は，どのような指標か説明しなさい。

```



```

②教科書p.232「日本のODAと課題」を参考に，**1**「主要国のODA実績額推移と対GNI比」をみて，日本のODAの特徴や課題として指摘できることをあげなさい。

```




```

③教科書p.232「貧困撲滅への新しい動き」を参考にして，NGO（非政府組織）や企業によるソーシャル・ビジネスを通じた，途上国の貧困削減に向けた取組の例を説明しなさい。

NGOの取組の事例	企業によるソーシャル・ビジネスの事例

④教科書p.233**2**「南北の格差」を参考にして，サハラ以南のアフリカの貧困について，どのような現状にあるか調べて，課題となっていることをあげてみよう。

```



```

●国際経済格差の是正と国際協力

Try！ ①教科書p.244 CASE **1** 「政府による国際協力」を読み，政府を主体とする国際協力の特徴や課題として，日本におけるJICA（国際協力機構）の活動のよい点，よくない点，気になる点を整理してみよう。

よい点　Plus	よくない点　Minus	気になる点　Interesting

②教科書p.245 CASE **2** 「民間企業による国際協力」を読み，企業を主体とする国際協力の特徴や課題として，民間企業による活動のよい点，よくない点，気になる点を整理してみよう。

よい点　Plus	よくない点　Minus	気になる点　Interesting

③教科書p.245 CASE **3** 「NPOによる国際協力」を読み，NPOを主体とする国際協力の特徴や課題として，NPOによる活動のよい点，よくない点，気になる点を整理してみよう。

よい点　Plus	よくない点　Minus	気になる点　Interesting

④ ①〜③を参考に，国際経済格差の是正をめぐって，開発途上国の経済的な自立と持続可能な発展のための望ましい先進国の協力のあり方はどのようなものか，話し合ってみよう。

あなたの考え	他の人の考え

6 持続可能な国際社会づくり

教科書　p.246〜247

振り返りチェック↩

①教科書p.230「持続可能な社会を求めて」を参考にして，経済成長を優先して環境汚染を放置することで，どのような問題が起きるのか，あなたの考えを書きなさい。

（記入欄）

②教科書p.234「①持続可能な開発目標」を参考に，次のSDGsのロゴマークが示す，持続可能な開発目標を書きなさい。

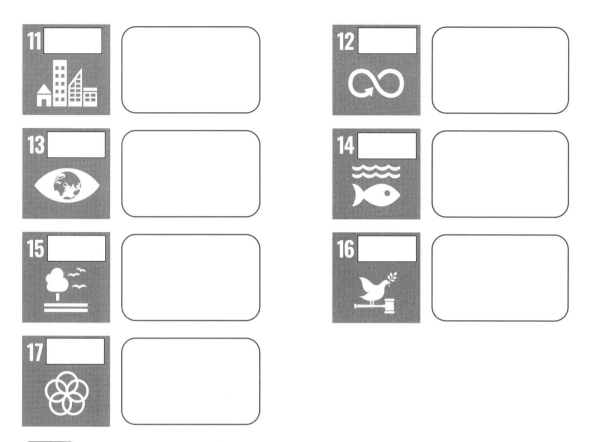

Try！ 1 教科書 p.246 **CASE 1** 「すべての人に健康と福祉を」 図1新型コロナウイルスワクチンの接種時期の予定をみて，新型コロナウイルスの世界的な感染の拡大によって，明らかになった問題点やその要因について，以下のフィッシュボーンチャートに整理してみよう。要因の欄は，1行に1つ書く必要はなく，文章でまとめてもよい。

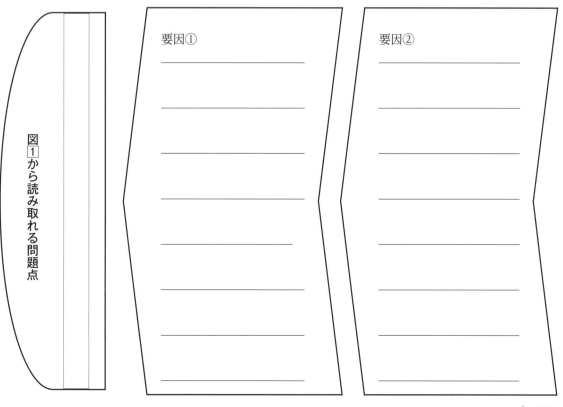

要因①

要因②

図1から読み取れる問題点

②教科書p.246　**CASE 1** 「すべての人に健康と福祉を」　新型コロナウイルスのワクチンはどのように配分されるべきか，公平や公正の観点から考えてみよう。

あなたの考え	他の人の考え

③教科書p.247　**CASE 2** 「SDGｓと私たちの行動」を参考に，SDGｓの17の目標の中から，個人としてあなたが取り組んでみたいと考える目標を選び，具体的な行動改善や活動の例をあげてみよう。

選んだSDGｓの目標：

行動や活動の例

④教科書p.247　**CASE 3** 「SDGｓの限界」を参考に，SDGｓの取り組みでは解消が困難と考えられる社会的な課題として，どのようなものがあるだろうか。また，その解決方法について話し合ってみよう。

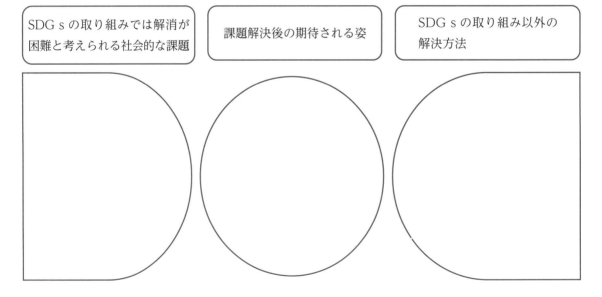

SDGｓの取り組みでは解消が困難と考えられる社会的な課題

課題解決後の期待される姿

SDGｓの取り組み以外の解決方法

5 3・4のプロセスなども参考に，目標11「住み続けられるまちづくり」を達成するために，どのような取り組みや対策が必要だと考えますか。あなたの考えを具体的に600字程度で述べなさい。

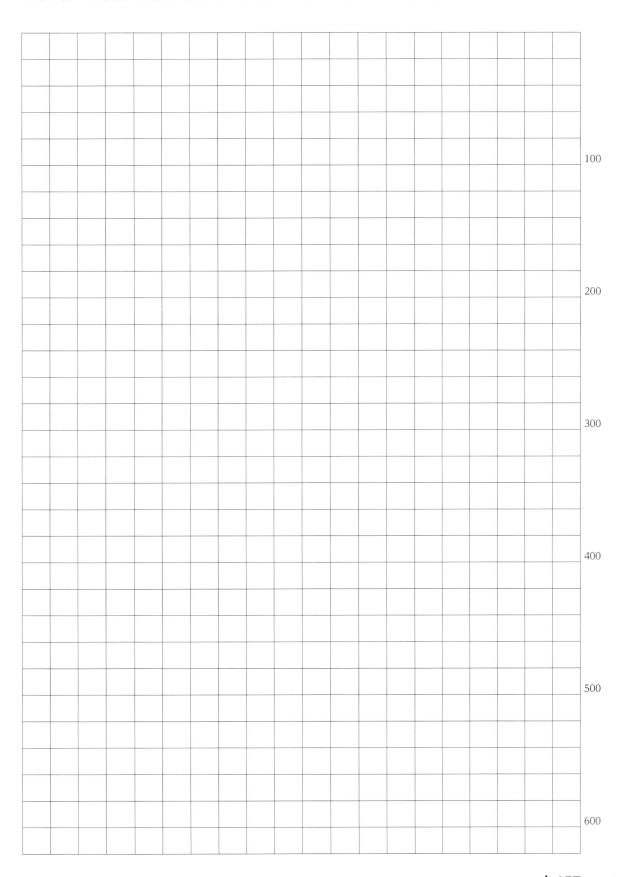

「詳述政治・経済」の学習を振り返ってみよう

第1編第1章　民主政治の基本原理（教科書p. 6〜22）

●民主主義について，学習を通して変化した自分の考えについてまとめてみよう。

第2章　日本国憲法の基本的性格（教科書p.23〜49）

●学習を振り返り，日本国憲法に求められる課題は何か考えてみよう。

第3章　日本の政治機構（教科書p.50〜69）

●民主主義の課題をあげてみよう。

第4章　現代日本の政治（教科書p.70〜81）

●選挙の際に有権者として意識すべきことは何か，自分の考えを書いてみよう。

●日本の財政問題を解決していくためにはどうすればよいか，自分なりに提案しよう。

第3章　現代経済と福祉の向上(教科書p.122〜159)

●日本経済の課題のうち，最優先で解決すべきことは何か検討しよう。

第2部　グローバル化する国際社会の諸課題
第1章　現代の国際政治(教科書p.174〜201)

●世界平和を実現するために何ができるか，具体的に提案しよう。

第2章　現代の国際経済(教科書p.202〜235)

●世界経済をさらに発展させていくために日本にできることは何か，提案してみよう。

[〔(政経702)詳述政治・経済〕準拠

詳述政治・経済　演習ノート　　　表紙デザイン──鈴木美里

●編　者　実教出版編修部

●発行者　小田　良次

●印刷所　共同印刷株式会社

●発行所　実教出版株式会社

〒102-8377
東京都千代田区五番町5
電話〈営業〉(03)3238-7777
　　〈編修〉(03)3238-7753
　　〈総務〉(03)3238-7700
https://www.jikkyo.co.jp/

002402023　　　　　　　　ISBN 978-4-407-35665-6

詳述政治・経済演習ノート

解答編

文章記述式問題については，必要に応じて解答例を掲載しました。

実教出版

第1編 現代日本の政治

第1章 民主政治の基本原理

1 政治と法 p.4

①政治　②支配　③自然法　④領域
⑤国民　⑥主権　⑦政府　⑧公法　⑨私法

正誤問題 1.○　2.○

exercise 政治における利害をめぐる対立を抑制するために支配がともなう。

2 民主政治と人権保障の発展① p.5

①封建制　②絶対王政　③王権神授説
④市民革命　⑤清教徒（ピューリタン）革命
⑥独立革命　⑦社会契約説　⑧自然権
⑨ホッブズ　⑩ロック　⑪抵抗権
⑫ルソー　⑬一般意志

正誤問題 1.○　2.×

2 民主政治と人権保障の発展② p.6

①法の支配　②マグナ・カルタ　③慣習法
④コモン・ロー　⑤立憲主義
⑥ヴァージニア権利章典　⑦アダム＝スミス
⑧レッセ・フェール　⑨消極国家　⑩夜警国家
⑪社会権　⑫ワイマール憲法　⑬福祉
⑭モンテスキュー　⑮三権分立　⑯抑制と均衡

正誤問題 1.○　2.×

exercise ホッブズ…人間は，自然状態のもとでは戦争状態におちいる。これを逃れるため，契約によって自然権を国家に譲渡する。
ロック…自然状態における人間は自由で平等である。この状態を確実なものとするため，契約を結んで国家を作り，政府に自然権を信託する。
ルソー…人間は本来，自由・平等であったが，私有財産制により，この状態が保てなくなるため，契約を結んで社会を作り，これに譲渡する。

3 国民主権と民主主義の発展 p.8

①国民主権　②参政権　③チャーチスト運動
④普通選挙制　⑤議会制民主主義　⑥国民代表
⑦審議　⑧直接民主主義　⑨ナチス

⑩多数決原理　⑪多数者の専制　⑫トックビル
⑬ポピュリズム　⑭ヘイトスピーチ　⑮立憲主義

正誤問題 1.×　2.○

exercise ①　ア④　イ②　ウ①　エ③

② 短所…多数による判断は，少数意見を無視し，少数者の権利を軽んじて，侵害してしまう。
長所…多くの人の意見が尊重されるため，公平感が強くなる。また，迅速な意思決定が可能となる。

4 世界の政治体制 p.10

①議院内閣制　②総辞職　③マニフェスト
④影の内閣　⑤拒否権　⑥教書
⑦違憲審査権　⑧連邦制　⑨半大統領制
⑩民主的権力集中制　⑪全国人民代表大会
⑫一国二制度　⑬開発独裁　⑭アラブの春
⑮ポピュリズム

正誤問題 1.×　2.×　3.○

exercise 議院内閣制
長所…議会の信任を背景に内閣が政権運営をするため安定する。また，議会の方針に首相が背いた場合，不信任決議で解任させられる。
短所…国民が直接首相を選ぶことができない。政権交代が頻繁に起こることがあり，政治が停滞する恐れがある。
大統領制　長所…国民の直接選挙で選ばれるため，民意が反映されやすい。途中で解任されることがないので強力なリーダーシップが発揮できる。
短所…任期の途中で解任できないため，国民の支持を失ったり，人権を抑圧するような政治をしても政権運営を担い続けることになる。

章末問題 第1編第1章 民主政治の基本原理 p.12

Check ✓ 重要用語
①法　②主権　③政府　④王権神授説
⑤社会契約説　⑥ホッブズ　⑦ロック
⑧ルソー　⑨法の支配　⑩自由権　⑪社会権
⑫モンテスキュー　⑬チャーチスト運動　⑭ミル
⑮議院内閣制　⑯教書　⑰民主的権力集中制
⑱開発独裁　⑲アラブの春

演習問題
① ⑤

解説 ア　ワイマール憲法（1919年）イ　世界人権宣言（1948年）ウ　フランス人権宣言（1789年）
② ③

解説 aは，公的異議申し立てが比較的認められるが，選挙への参加が認められていないことから，制限選挙

がとられていたイギリスが当てはまる。bは，異議申し立て，参政権共に認められていることから日本国憲法下の日本，cは参政権が認められるが，公的異議申し立てが認められていないことから，ゴルバチョフ政権以前のソ連がそれぞれ当てはまる。

③ ① 　④ ① 　⑤ ① 　⑥ ③

第2章　日本国憲法の基本的性格

1　日本国憲法の成立　　p.16

①大日本帝国憲法（明治憲法）　②欽定憲法
③天皇主権　④臣民ノ権利
⑤大正デモクラシー　⑥男子普通選挙制度
⑦治安維持法　⑧ポツダム宣言
⑨マッカーサー　⑩象徴天皇制
⑪基本的人権　⑫平和主義　⑬平和的生存権
⑭最高法規　⑮憲法尊重擁護義務　⑯硬性憲法

正誤問題　1．○　2．○　3．×

Work　ア④　イ①　ウ②　エ⑤　オ③

exercise　大日本帝国憲法では，主権者は天皇であり，国民の権利も「臣民」として天皇から与えられたものにすぎず，基本的人権として保障されるものではなかった。また，議会は天皇の協賛機関，司法も天皇の名による裁判が行われていた。一方，日本国憲法では，主権者が国民となり，基本的人権は侵すことのできない永久の権利として保障されている。

2　平和主義①　　p.18

①平和主義　②平和的生存権　③警察予備隊
④保安隊　⑤自衛隊　⑥文民統制
⑦国家安全保障会議　⑧内閣総理大臣
⑨サンフランシスコ平和条約
⑩日米安全保障条約
⑪日米相互協力及び安全保障条約
⑫日米地位協定　⑬日米防衛協力のための指針
⑭思いやり予算　⑮統治行為論　⑯砂川
⑰もたず，つくらず，もち込ませず

正誤問題　1．○　2．○　3．×

Check!資料読解　1　④
2　ア　西側　イ　ソ連　ウ　冷戦

2　平和主義②　　p.20

①PKO（国連平和維持活動）協力法
②カンボジア　③日米安保共同宣言
④周辺事態法　⑤周辺事態　⑥重要影響事態法
⑦アメリカ同時多発テロ事件

⑧テロ対策特別措置法
⑨イラク復興支援特別措置法
⑩国際平和支援法　⑪有事法制
⑫集団的自衛権　⑬安全保障関連法
⑭存立危機事態　⑮敵基地攻撃能力
⑯被爆国

正誤問題　1．×　2．×　3．○　4．×

exercise　「すべての人が，いかなる時にも十分で安全かつ栄養ある食料を入手可能である」という食料安全保障の達成をめざす観点から，途上国の農業支援や，災害等への緊急支援を行い，食糧不足や飢餓に対応する。

Try!　●沖縄の米軍基地は日本や東アジアの安全を守る重要な役割を果たしている。国家の問題を地域住民の意思だけで決めてよいのだろうか。
●基地について沖縄の負担が重いのはそもそも公正ではない。地域住民の意思に基づいた決定がなされるべきだ。

3　基本的人権の保障①　　p.22

①自由権　②思想・良心の自由　③信教の自由
④政教分離　⑤表現の自由　⑥学問の自由
⑦令状主義　⑧黙秘権　⑨弁護人依頼権
⑩罪刑法定主義　⑪適正手続きの保障　⑫冤罪
⑬職業選択　⑭財産権　⑮公共の福祉

正誤問題　1．×　2．×　3．○　4．×

Work　1　A　被疑者　B　被告人　C　起訴
D　検察　E　公開裁判
2　A．ア，エ，カ，キ　B．イ，ウ，オ，ク

exercise　・死刑制度には反対である。裁判は人間によって行われる以上，誤判は起こりうる。実際に免田事件や財田川事件など，死刑判決が確定した冤罪事件などもあり，仮に刑が執行されていたら取り返しのつかないことになっていた。国家によって罪のない人の命を奪うことは絶対に回避しなければならない。
・死刑制度には賛成である。死刑制度があることによって，凶悪な犯罪を抑止できると考える。死刑制度がない場合，凶悪な犯罪を起こした者が，社会に復帰したときに再び罪を犯す恐れがないとはいいきれない。また，被害者遺族の感情を考えたときに，死刑によって少しでも悲しみを癒せるならば，死刑制度は存続させるべきだと考える。

3　基本的人権の保障②　　p.24

①平等権　②男女雇用機会均等法
③男女共同参画社会基本法　④ジェンダー

3

⑤全国水平社　⑥アイヌ文化振興法
⑦アイヌ民族支援法　⑧障害者基本法
⑨LGBT　⑩ハンセン病　⑪形式的　⑫実質的
⑬アファーマティブ・アクション

正誤問題　1．○　2．×　3．×
Work　①　形式的平等　2,3　実質的平等　1,4
②　④

3　基本的人権の保障③　p.26

①社会権　②生存権　③法的権利説
④プログラム規定説　⑤朝日訴訟
⑥教育を受ける権利　⑦機会均等　⑧義務教育
⑨勤労権　⑩労働三権　⑪労働三法
⑫労働組合法　⑬参政権　⑭選定・罷免権
⑮国民審査　⑯住民投票　⑰国民投票
⑱国家賠償請求権　⑲請願権

正誤問題　1．×　2．×　3．×　4．×
5．○
Work　1．勤労権　2．請願権　3．生存権
4．教育を受ける権利　5．団結権
exercise　議会制民主主義のもとでは，自分の考えや自分が知った事実に関して，自由に意見を述べ，議論したうえで，選挙で選ばれた代表者に権力を信託することが重要である。

4　人権の広がり　p.28

①環境権　②四大公害訴訟　③知る権利
④情報公開法　⑤特定秘密保護法　⑥アクセス
⑦プライバシーの権利　⑧個人情報保護法
⑨住基ネット　⑩マイナンバー法
⑪自己決定権　⑫インフォームド・コンセント
⑬世界人権宣言　⑭国際人権規約　⑮難民
⑯子ども　⑰公共の福祉

正誤問題　1．×　2．○　3．×　4．○
5．×　6．×
Work
1．『宴のあと』事件・　　・ア．環境権
2．国立マンション訴訟・　　・イ．プライバシーの権利
　　　　　　　　　　　　・ウ．知る権利
　　　　　　　　　　　　・エ．自己決定権
exercise　高度経済成長にともなう公害問題や，情報技術の発達によるプライバシーの侵害など，社会の進展にともなう諸問題が顕在化してきた。そうした問題に対応するため，憲法に定められていない新しい人権が主張されてきた。
Skill up　②，③

章末問題　**第1編第2章**
日本国憲法の基本的性格　p.30

Check ✓重要用語
①立憲主義　②法律の留保　③治安維持法
④ポツダム宣言　⑤マッカーサー草案
⑥民定憲法　⑦助言と承認　⑧硬性憲法
⑨不戦条約　⑩国の交戦権の否認
⑪日米安全保障条約　⑫日米地位協定
⑬非核三原則　⑭PKO（国連平和維持活動）協力法
⑮日米安保共同宣言　⑯周辺事態法
⑰集団的自衛権　⑱安全保障関連法　⑲自由権
⑳政教分離の原則　㉑検閲　㉒罪刑法定主義
㉓適正手続きの保障　㉔犯罪被害者保護法
㉕男女雇用機会均等法　㉖ジェンダー
㉗アファーマティブ・アクション
㉘プログラム規定説　㉙団体行動権　㉚参政権
㉛刑事補償請求権　㉜国家賠償請求権　㉝環境権
㉞情報公開法　㉟プライバシーの権利
㊱個人情報保護法
㊲共通番号法（マイナンバー法）
㊳忘れられる権利　㊴自己決定権
㊵インフォームド・コンセント　㊶世界人権宣言
㊷公共の福祉
演習問題　①　⑥　②　①

第3章　日本の政治機構

1　立法　p.34

①三権分立制　②国権の最高機関　③立法機関
④立法権　⑤衆議院　⑥参議院　⑦不逮捕特権
⑧両院協議会　⑨衆議院の優越　⑩立法
⑪憲法改正　⑫租税法律　⑬内閣不信任
⑭国政調査権　⑮委員会制度　⑯公聴会
⑰党議拘束　⑱国会審議活性化法
Work　①　①委員会　②本会議　③衆議院
④参議院　⑤3分の2　⑥両院協議会
②　ア　代表者　イ　対立　　ウ　公
exercise　少数政党の議員にも十分な質疑時間を確保し，党議拘束によらず，一人一人の議員が意見を述べ，議論する時間を設ける。

2　行政　p.36

①議院内閣制　②内閣総理大臣　③内閣不信任
④解散　⑤総辞職　⑥行政権　⑦行政委員会
⑧首長　⑨閣議　⑩委任立法　⑪官僚支配

⑫オンブズ・パーソン　⑬独立行政法人
⑭行政手続法　⑮情報公開法　⑯天下り
⑰国家公務員倫理法　⑱国家公務員制度改革基本法
正誤問題　　1．×　　2．○　　3．×　　4．○
5．×　　6．○

Check! 資料読解　近年の議員提出法案の成立率は20％
前後と低く，一方，内閣提出法案の成立率は過去最高
となっている。これは，国会の立法機能が低下してい
ることを意味しており，憲法第41条の「国会は唯一
の立法機関である」との関係で問題がある。

exercise　行政機関が保有する文書は主権者である
国民のものである。よって，国民の求めに応じて開示
するために，適切な作成や管理が行われるように公文
書管理のガイドラインの明確化が図られるべきであ
る。

3　司法　　p.38

①司法権　　②最高裁判所　　③三審制
④司法権の独立　　⑤民事裁判　　⑥違憲審査権
⑦憲法の番人　　⑧統治行為論
⑨裁判を受ける権利　　⑩裁判の公開
⑪国民審査　　⑫弾劾裁判所　　⑬裁判員制度
⑭検察審査会

正誤問題　　1．○　　2．×　　3．○　　4．○
5．×

Work　①最高　　②高等　　③地方　　④家庭
⑤簡易

Try！　裁判員裁判には，一般市民の感覚を刑事裁判
に反映させるという意義がある一方，裁判員裁判を辞
退することは，特段の理由がない限りは許されない。
そのことは，思想・良心の自由などの侵害につながら
ないだろうか。また，凄惨な証拠写真などを見ること
による心理的負担にも配慮しなければならないだろう。

4　地方自治　　p.40

①地方自治　　②地方自治の本旨　　③団体自治
④住民自治　　⑤レファレンダム
⑥イニシアティブ　　⑦リコール　　⑧二元代表制
⑨民主主義　　⑩機関委任事務　　⑪地方税
⑫地方交付税交付金　　⑬国庫支出金　　⑭地方債
⑮地方分権一括法　　⑯三位一体改革
⑰市町村合併　　⑱地域再生　　⑲自治基本条例

正誤問題　　1．×　　2．×　　3．○　　4．×

Check! 資料読解　地方公共団体は，長と議会のそれぞ
れが住民の直接選挙によって選ばれる。そのため，長
と議会は対等関係にある。一方，国においては，国会

議員は選挙で選ばれるが，内閣総理大臣は，国会議員
のなかから，国会の議決で指名される。内閣は国民の
意思を代表する国会の信任に基づいて成立し，国会に
対して責任を負う。

Try！　（省略）

章末問題　第1編第3章　**日本の政治機構**　p.42

Check✓ 重要用語
①抑制と均衡　　②議会制民主主義（代表民主制）
③唯一の立法機関　　④免責特権　　⑤両院協議会
⑥法律案の議決　　⑦特別会　　⑧租税法律主義
⑨弾劾裁判所　　⑩国政調査権　　⑪公聴会
⑫党議拘束　　⑬議院内閣制　　⑭国会議員
⑮衆議院の解散　　⑯行政委員会　　⑰助言と承認
⑱同輩中の主席　　⑲閣議　　⑳委任立法
㉑オンブズ・パーソン　　㉒天下り
㉓国家公務員制度改革基本法　　㉔大津事件
㉕裁判官の独立　　㉖特別裁判所　　㉗三審制
㉘国民審査　　㉙違憲審査権　　㉚統治行為論
㉛憲法の番人　　㉜裁判員制度　　㉝検察審査会
㉞シビル・ミニマム　　㉟団体自治　　㊱住民自治
㊲レファレンダム　　㊳二元代表制　　㊴トックビル
㊵ブライス　　㊶機関委任事務
㊷地方交付税交付金　　㊸国庫支出金

演習問題　**1**　⑤　　**2**　⑤　　**3**　②　　**4**　③
5　問1　ア　東京都　　イ　神奈川県
ウ　愛知県　　エ　東北　　オ　限界集落
問2　各議会ともに，男性の割合が非常に高くなって
いる。また，年齢に関しても60代以上の割合が高く，40
歳以下の若者の割合が非常に少ない。このような状況だ
と，多様な意見を吸い上げることができなくなり，女性
や若者が直面する課題を解決しづらくなってしまう。
女性の参加に対しては，クオータ制の導入などが考え
られる。また，そもそも女性が政治参加をしやすくす
るために，男性の育児参加を義務づけるパパ・クオー
タ制度の導入なども考えられるのではないか。
問3　①，③

第4章　現代日本の政治

1　戦後政治の歩み　　p.46

①政党　　②二大政党制　　③多党制　　④部分
⑤自由党　　⑥55年体制　　⑦安保闘争
⑧高度経済成長　　⑨住民運動　　⑩革新自治体
⑪小選挙区比例代表制　　⑫政党助成法

正誤問題　　1．×　　2．○　　3．×　　4．×

Work ① ア 多様な利益　イ 政治家
② ③
exercise　米ソ対立を背景とした自由民主主義か社会主義かという体制選択をめぐる対立が，冷戦終結後は，「大きな政府」か「小さな政府」かという政策をめぐる対立に変化している。

2 選挙制度　p.48

①普通選挙　②平等選挙　③秘密投票
④比例代表制　⑤連立政権　⑥小選挙区制
⑦死票　⑧大選挙区制
⑨小選挙区比例代表並立制
⑩非拘束名簿式比例代表制　⑪戸別訪問
⑫連座制

Work　a 少ない　b 小党乱立　c 派閥争い
d 大政党　e 二大政党　f 比例代表

Check! 資料読解　④
exercise　現行の小選挙区比例代表並立制では，死票が多く民意が反映されづらく，そのため，投票率も低下傾向にある。多様な意見を集約して，代表できるように，大選挙区制や比例代表での選出数を増やすとよいのではないか。

3 政治参加と世論　p.50

①圧力団体　②大衆運動　③単一争点集団
④世論　⑤マス・メディア　⑥ＳＮＳ
⑦フェイクニュース　⑧無党派層　⑨デモ
⑩ＮＰＯ法（特定非営利活動促進法）
⑪ガバナンス

Work　②

Check! 資料読解　① 政権交代が起きている。
② 20代，30代の若年層の投票率が一貫して低い。すると候補者は，投票率の高い50代以上の有権者向けの政策を重視するようになり，若者がないがしろにされてしまう。
exercise　少子高齢化や過疎化によって，廃線になるバスや電車が増加している。すると地域住民のインフラが損なわれ，さらなる過疎につながる。地方議員などに陳情し，そうした問題に対応できないだろうか。

Skill up　②

章末問題 第1編第4章 現代日本の政治　p.52

Check✓ 重要用語
①政党　②二大政党制　③マニフェスト
④55年体制　⑤安保闘争　⑥ロッキード事件

⑦細川内閣　⑧政党助成法　⑨民主党
⑩普通選挙　⑪小選挙区制
⑫小選挙区比例代表並立制　⑬死票
⑭重複立候補制　⑮非拘束名簿式比例代表
⑯連座制　⑰期日前投票　⑱利益集団
⑲大衆運動　⑳世論　㉑無党派層
㉒ＮＰＯ法（特定非営利活動促進法）
㉓ガバナンス

演習問題　① ③　② ④　③ ②
解説　① A党は得票数が最も少ないが，ア，ウ，オの選挙区で議席を獲得している。④得票数が最も多いのはB党であるが，2名の当選者がいるので，死票は30+30+25=85票，C党は当選者がいないため，すべて死票となる。
④ ①

第2編 現代日本の経済

第1章 経済社会の変容

1 経済活動の意義　p.55

①生産要素　②市場　③希少性　④効用
⑤トレードオフ　⑥機会費用　⑦効率性
⑧公平性　⑨インセンティブ

exercise　① 3000円
② ①の場合は，その財に高値を付ける人に集中するため，財の価値は高く評価され効率的であるが，必要な人に広くいきわたらず，公平性が達成できない。②の場合は，すべての人に配分されるということで公平性は達成されるが，不必要な人の手にもわたってしまうので，効率的とはいえない。

2 経済社会の形成と変容　p.56

①資本主義経済　②社会主義経済
③アダム＝スミス　④自由放任主義　⑤恐慌
⑥独占資本主義　⑦ニューディール政策
⑧ケインズ　⑨修正資本主義　⑩混合経済
⑪スタグフレーション　⑫マネタリズム
⑬レーガン　⑭新自由主義　⑮グローバル化
⑯ペレストロイカ　⑰社会主義市場経済
⑱改革・開放

Check! 資料読解
産業資本主義　③　　A
修正資本主義　④　　B
新自由主義　①　　A
社会主義経済　②　　B

6

exercise 資本主義が効率性を追求し自由放任主義をとったが，格差が社会問題化し，公平性を求められるようになった。しかし，その弊害がみられると再び効率性が求められた。

第2章 現代経済のしくみ

1 市場機構　p.58

①家計　②生産要素　③企業　④政府
⑤公共財　⑥市場メカニズム
⑦価格の自動調整作用　⑧均衡価格　⑨独占
⑩寡占　⑪プライスリーダー　⑫カルテル
⑬トラスト　⑭コンツェルン　⑮下方硬直性
⑯独占禁止法　⑰公正取引委員会
⑱非価格競争　⑲外部経済　⑳外部不経済
㉑公共財

正誤問題　1．×　2．×　3．○

Work　①

exercise 独占・寡占により，価格の下方硬直性が生じると公平な配分ができなくなり，外部不経済が生じると効率的な資源配分ができなくなる。

2 現代の企業　p.60

①会社法　②株式会社　③合資会社　④株式
⑤配当　⑥有限責任　⑦所有と経営の分離
⑧内部留保　⑨M&A　⑩リストラクチャリング
⑪自己資本　⑫他人資本　⑬株主主権
⑭キャピタルゲイン　⑮コーポレート・ガバナンス
⑯ステークホルダー　⑰CSR
⑱コンプライアンス　⑲アカウンタビリティ

正誤問題　1．○　2．×　3．×

exercise 企業…メセナ，フィランソロピーなどの社会貢献を行うことで，認知度や好感度が高まり，企業価値の向上を図ることができる。
株主…CSR活動により，企業価値が上がることで株価が上昇したり，高配当につながることとなる。
利害関係者…企業が地域社会の一員として社会貢献活動などに取り組むことで，ステークホルダーは良好な関係を築きたいと思うようになる。

3 国民所得と経済成長　p.62

①ストック　②国富　③社会資本　④フロー
⑤GDP　⑥付加価値　⑦GNI　⑧NNP
⑨NI　⑩三面等価の原則　⑪国民純福祉
⑫グリーンGDP　⑬資本ストック　⑭好況

⑮不況　⑯インフレーション
⑰デフレーション　⑱デフレ・スパイラル

正誤問題　1．×　2．○　3．×

exercise 1　5%，名目経済成長率
2　インフレのほうが望ましい。物価が上昇することで，企業の利益も上昇し，それに伴って従業員の給料も上昇していく。それにより消費者の購買意欲がさらに上昇するという好循環につながることが考えられるため。

4 金融のしくみ①　p.64

①金融　②マネーストック　③貨幣
④普通預金　⑤当座預金　⑥直接金融
⑦間接金融　⑧短期金融市場　⑨長期金融市場
⑩証券会社　⑪保険会社　⑫信用創造
⑬中央銀行　⑭日本銀行（日銀）　⑮銀行の銀行
⑯政府の銀行　⑰発券銀行　⑱金本位制度
⑲管理通貨制度

正誤問題　1．×　2．×　3．○　4．○

Work　ア 50　イ 450　ウ 405　エ 5000
オ 4500

4 金融のしくみ②　p.66

①公開市場操作　②無担保コールレート
③資金供給　④資金吸収
⑤ポリシー・ミックス　⑥ゼロ金利政策
⑦量的緩和政策　⑧マネタリーベース
⑨金融持株会社　⑩投資ファンド
⑪政府系金融機関　⑫ペイオフ　⑬不良債権
⑭バーゼル合意　⑮ESG投資
⑯フィンテック　⑰暗号資産　⑱ビッグデータ

正誤問題　1．○　2．×　3．×

Check!資料読解　ア 金融緩和　イ 低下
ウ サブプライムローン　エ リーマン・ショック
オ 0

exercise 日本では長らくデフレの状況が続いている。そのため，日銀は，買い入れる金融資産の多様化と規模の拡大をおこない，物価安定まで資金供給を続けるとした。また，金融政策の操作目標をマネタリーベースとし，消費者物価上昇率を前年比2%とすることを目標に，実質金利の引き下げを試みた。2016年からはマイナス金利も導入されている。

5 財政のしくみ　p.68

①財政　②社会資本　③社会保障

④所得の再分配　⑤累進所得税　⑥経済の安定化
⑦裁量的財政政策　⑧自動安定化装置　⑨歳出
⑩歳入　⑪一般会計　⑫特別会計　⑬本予算
⑭直接税　⑮間接税　⑯国税　⑰地方税
⑱垂直的公平　⑲水平的公平　⑳逆進性
㉑建設国債　㉒市中消化の原則　㉓赤字国債
㉔国債費　㉕財政の硬直化　㉖基礎的財政収支

正誤問題　1．○　2．○　3．○

Check! 資料読解　[1]　歳入…消費税，赤字国債
歳出…社会保障関係費，国債費
[2]　ア　増える　イ　されない　ウ　増税
[3]　大きく増えたのは…中央銀行
2013年からの量的・質的金融緩和政策により，購入する長期国債の額を大幅に増やしたため。

exercise　195万円×5％＝97,500円
（330万円－195万円）×10％＝135,000円
（500万円－330万円）×20％＝340,000円
合計で572,500円となる。

Try!　課題…日本の財政は少子高齢化により社会保障費の額が急増しており，それにともない，巨額の赤字国債が発行されている。そのため，国債依存度が高まり，歳出に占める国債費の割合も急伸している。政府長期債務残高は他国を大きく引き離す水準となっている。
財政再建の方法…新興企業への投資を拡大することで経済成長を促し，金利を上回る成長率の実現を図り，税収増を通じて財政健全化につなげる。また富裕層や一定以上の所得がある高齢者の医療費の負担率を増加する。他にも，所得が1億円を超える層から所得に占める税の割合が低下していることから，金融所得への課税を強化することも考えられる。

章末問題　第2編第1章　経済社会の変容
第2編第2章　現代経済のしくみ　p.71

Check✓ 重要用語
①生産要素　②サービス　③トレードオフ
④機会費用　⑤インセンティブ　⑥計画経済
⑦アダム＝スミス　⑧独占資本主義　⑨有効需要
⑩ニューディール政策　⑪修正資本主義
⑫混合経済体制　⑬新自由主義　⑭マルクス
⑮ペレストロイカ　⑯改革・開放
⑰家計・企業・政府　⑱貯蓄
⑲価格の自動調整作用　⑳カルテル
㉑価格の下方硬直性　㉒公正取引委員会
㉓外部不経済　㉔有限責任　㉕所有と経営の分離
㉖減価償却費　㉗キャピタルゲイン　㉘メセナ
㉙国富　㉚国内総生産（GDP）
㉛三面等価の原則　㉜実質成長率　㉝キチンの波
㉞クズネッツの波　㉟インフレーション
㊱コスト・プッシュ・インフレ
㊲スタグフレーション　㊳デフレ・スパイラル
㊴マネーストック　㊵間接金融　㊶信用創造機能
㊷兌換紙幣　㊸金融緩和　㊹無担保コールレート
㊺公開市場操作　㊻バーゼル合意　㊼ESG投資
㊽累進所得税　㊾暫定予算　㊿水平的公平
(51)プライマリーバランス

演習問題　[1]　①　[2]　①　[3]　②　[4]　④
[解説]　A：GDP－固定資本減耗
B：GDP＋海外からの純所得
C：NDP＋海外からの純所得－（間接税－補助金）
[5]　⑧
[解説]　a：名目GDP/GDPデフレーター×100
＝実質GDPより，a/94×100＝500　a=470
b：2015年と2016年の一人当たり名目GDPが同じということから，500÷b=a÷47　b=50
c：経済成長率＝（本年度のGDP－前年度のGDP）/前年度のGDP×100より，（520－500）/500×100=4
となる。
[6]　④
[7]　消費税　長所…消費行動にかかる税金のため，広く公平に徴収できる。
短所…所得にかかわらず，同じ税率が適用されるため，低所得者ほど税の負担が重くなる逆進性が生じる。
法人税
長所…利益をあげている企業が税負担を行うので，収入が安定して得られる。
短所…税負担が重くなると，海外へ本部機能を移転させる企業が増える恐れがある。

第3章　現代経済と福祉の向上

1　経済の停滞と再生　p.76

①プラザ合意　②円高不況　③日米構造協議
④新自由主義　⑤バブル経済　⑥不良債権
⑦貸し渋り　⑧失われた10年　⑨構造改革
⑩郵政民営化　⑪非正規雇用　⑫東日本大震災
⑬テレワーク

正誤問題　1．×　2．×　3．×

Check! 資料読解　名目賃金指数は上昇しているが，消費者物価指数の上昇率がそれ以上のため，実質賃金指数は低迷したままであるから。

exercise　（観点）
・労働力減少に対する，女性，高齢者，外国人労働者

・の雇用
・健康，環境など成長が期待できる分野で新しい産業を創出する技術革新
・過疎を解消し，東京一極集中を是正するための，地方での安定雇用の確保と産業育成　など

2　日本の中小企業と農業　p.78

①中小企業　②経済の二重構造　③下請け
④系列　⑤ニッチ市場　⑥ベンチャー企業
⑦社会的企業　⑧クラウド・ファンディング
⑨農業基本法　⑩食糧管理制度　⑪減反
⑫食糧法
⑬食料・農業・農村基本法（新農業基本法）
⑭ウルグアイラウンド　⑮関税化
⑯食料安全保障　⑰6次産業化

正誤問題　1.○　2.○　3.×
Check!資料読解　１　問1　60%　問2　40%
２　1965年以降，ゆるやかに低下し続けている。
Try！
１　会社の規模が小さく，従業員数も少ないため意思決定のスピードが速い。また，新規の事業に挑戦しやすい。
２　現在は安定的に食料が輸入できているが，異常気象や政情不安などにより輸出国の生産量が減少すると，商品価格が高騰したり，輸入ができなくなる恐れがある。また，世界の人口は増加し続けており，世界の食料需要の増加に生産量が追いつかないと輸入量が減ることも考えられる。

3　国民の暮らし　p.80

①依存効果　②デモンストレーション効果
③情報の非対称性　④消費者主権
⑤消費者保護基本法　⑥消費者基本法
⑦製造物責任法（PL法）　⑧クーリング・オフ
⑨消費者契約法　⑩消費者団体訴訟　⑪消費者庁
⑫グリーン・コンシューマー　⑬18
⑭コンパクトシティ

正誤問題　1.×　2.×　3.○　4.○
Try！　消費者としては，環境を意識したグリーン・コンシューマーになることが求められる。また，途上国の労働条件を考慮したフェアトレード商品を優先的に購入することやESG投資を行うことも考えられるだろう。地域住民としては，ボランティアに参加するなど，住民どうしが日頃から顔の見える関係を持ち，信頼しあえるコミュニティを作ることが重要だと思う。

4　環境保全と公害防止　p.82

①産業　②都市　③アメニティ　④足尾銅山
⑤水俣病　⑥四日市ぜんそく　⑦公害対策基本法
⑧環境庁　⑨公害健康被害補償法
⑩無過失責任　⑪PPP（汚染者負担の原則）
⑫総量規制
⑬環境アセスメント（環境影響事前評価）
⑭循環型社会形成推進基本法　⑮リデュース
⑯環境基本法　⑰環境税　⑱排出量取引

正誤問題　1.○　2.×　3.×
Check!資料読解　１　その他
２　③
Try！　先進国は環境税や排出量取引を導入し，環境保全へのインセンティブを与えることで，成長しながら温室効果ガスの排出を削減することを達成しつつある。その背景として，技術革新，電気自動車の開発，再生エネルギーによる発電量の増加などがあげられる。

5　労使関係と労働条件の改善①　p.84

①契約自由　②国際労働機関　③治安維持法
④労働三権　⑤団結権　⑥労働三法
⑦労働組合法　⑧労働協約　⑨不当労働行為
⑩労働関係調整法　⑪緊急調整　⑫労働基準法
⑬労働基準監督署　⑭最低賃金法　⑮労働契約法

正誤問題　1.○　2.×
Check!資料読解　１　ア　全体　イ　一部
公務員は，国民全体に奉仕することが職務である。公務員が自己の労働条件改善という私的な目的のために労働三権を行使すると，国民の困りごとに対応できなくなる恐れがある。
２　問1　正規社員・正規職員…54歳まで右肩上がりとなっている。
その他…20代～50代までほとんど横ばいである。
問2　非正規雇用の人々は，賃金が上昇しないことで，結婚や子育てなどの将来設計が立てづらくなってしまう。

5　労使関係と労働条件の改善②　p.86

①終身雇用制　②年功序列型賃金
③企業別労働組合　④派遣社員　⑤労働者派遣法
⑥同一労働同一賃金　⑦ワーキングプア
⑧ワーク・ライフ・バランス
⑨男女雇用機会均等法　⑩育児・介護休業法
⑪女性活躍推進法　⑫技能実習制度
⑬特定技能　⑭テレワーク

⑮働き方改革関連法　⑯ジョブ型雇用
正誤問題　1.×　2.×
Try!　①　少子高齢化による技能実習生の受け入れに伴う低賃金，ハラスメント問題など，昨今新たに発生している労働問題に対応する法整備が進んでいない。また，日本型雇用慣行の転換による非正規雇用の待遇格差や労働分配率の低下など新たな問題に対して企業も対応しきれていない。
②　利点：全国どこでも勤務が可能。子育て中や介護中の労働者などは勤務時間など柔軟に設定できる。
問題点：インターネット環境などインフラの整備にコストがかかる。

6　社会保障の役割①　p.88

①生存権　②ナショナル・ミニマム
③エリザベス救貧法　④疾病保険法
⑤国民保険法　⑥ワイマール憲法
⑦ニューディール政策　⑧ベバリッジ
⑨ゆりかご　⑩フィラデルフィア宣言
⑪社会保険　⑫年金保険　⑬公的扶助
⑭生活保護法　⑮社会福祉　⑯利用契約制度
⑰公衆衛生
正誤問題　1.○　2.×　3.×
Work　1.キ　2.ウ　3.イ　4.ア
5.カ　6.オ　7.エ
Check!資料読解　租税・社会保障負担のグラフを見ると，日本の負担率はヨーロッパ各国よりおおむね低い。つまり，ヨーロッパ各国に比べ，日本は国家が積極的に経済に介入しているとはいいづらく，小さな政府に近いものと考えられる。

6　社会保障の役割②　p.90

①セーフティネット　②待機児童
③ノーマライゼーション
④障害者雇用促進法　⑤ユニバーサル・デザイン
⑥ホームヘルパー　⑦ショートステイ
⑧地域包括ケアシステム　⑨出入国管理法
正誤問題　1.×　2.○　3.×
Check!資料読解　ア　高齢　イ　2
Try!　少子高齢化により，年金制度が維持できるかという懸念が高まっている中，まずは，自分自身や家族で助け合う「自助」が基本になるのではないか。そのためには，民間の保険や預貯金などを利用し，将来に備える必要がある。また，少子高齢化が進むと一部の地域では過疎化が進み，高齢者にとって住みづらい場所になってしまうかもしれない。住み慣れた地域で

暮らし続けられるような，地域包括ケアシステムの構築によって，人と人とのつながりを作り出すことが必要であると感じる。

章末問題　第2編第3章
現代経済と福祉の向上　p.92

Check✓重要用語
①プラザ合意　②バブル経済　③貸し渋り
④郵政民営化　⑤経済の二重構造
⑥ニッチ市場　⑦社会的企業
⑧クラウド・ファンディング　⑨減反政策
⑩戸別所得補償制度　⑪デモンストレーション効果
⑫消費者主権　⑬選択できる権利
⑭クーリング・オフ　⑮消費者契約法
⑯消費者団体訴訟制度　⑰四日市ぜんそく
⑱無過失責任制度　⑲環境アセスメント
⑳環境基本法　㉑予防原則　㉒環境税
㉓排出量取引　㉔団体交渉権　㉕不当労働行為
㉖労働委員会　㉗緊急調整　㉘最低賃金法
㉙年功序列型賃金　㉚同一労働同一賃金
㉛ワーキングプア　㉜ワークシェアリング
㉝男女雇用機会均等法　㉞特定技能
㉟ナショナル・ミニマム　㊱ベバリッジ報告
㊲フィラデルフィア宣言　㊳賦課方式
㊴労災保険　㊵介護保険　㊶公的扶助
㊷社会福祉　㊸利用契約制度　㊹合計特殊出生率
㊺高齢社会　㊻ノーマライゼーション
㊼バリアフリー
演習問題　①　問1　②　問2　③　問3　④
問4　①，②，⑤
②　②　③　④　④　②

第3編　現代日本における諸課題の探究

1　地域社会の自立と政府　p.96

振り返りチェック
①　団体自治　イ・ウ　住民自治　ア
②　住民が身近な地域の政治への参加を通して，政治を経験し，主権者としての精神や能力を磨くことができるから。
③　エ
④　東京，神奈川，大阪などは自主財源の割合が高く，財政が自律している。一方，高知，島根などの過疎が進んでいる地域は，地方交付税の割合が高く，財政の硬直化がおきている。
●地域社会の自立と政府

CASE **1**
理由・根拠　・Ｉターンが多く，人口の１割以上が移住者
・移住者の多くが若者で，定住率も高い
・Ｉターン者と元からの居住者で新たな産業を創出
・島内の県立高校が，地域作りを学べるカリキュラムで島外からの入学希望者が増加
CASE **2**　２段目：女性の就業率が高い
４段目：女性が働きやすい環境の整備
５段目：富山型デイサービス
　　　　三世代型同居率が高い
CASE **3**　ａ　ウ　　ｂ　ア　　ｃ　イ
Try！ **1**　省略
2　省略

2 防災と安全・安心な社会の実現 p.98

振り返りチェック **1**　商店や公共交通の衰退による買い物・医療・福祉へのアクセスが困難な高齢者が増えている。
2　ウ　**3**　コンパクトシティ政策
●防災と安全・安心な社会の実現
1　・1990 年からの 30 年間で，土砂災害の発生件数は増加傾向にある。
・2000 年代前半以降，１時間降水量 50 mm 以上の年間発生回数が 200 回を下回らなくなった。
2　ａ　イ　　ｂ　ア　　ｃ　ウ
3　公共サービスの提供を行政だけでなく，市民相互の協力で分担していくこと。
CASE **1**　①良い点　川の氾濫を防ぎ，住民の生命や安全を守ることができる
問題点　・ダム建設によって水没する地域がある
・生態系に影響を及ぼすおそれがある
②・住民投票などで，合意形成をおこなう
・行政が住民に対し，正しい状況を提供し，複数の選択肢を示す
Try！ **1**　省略
2　省略

3 歳入・歳出両面での財政健全化 p.100

振り返りチェック
1　エ
2　予算の多くが国債の返済に使われると，現在や将来の政策経費を圧迫し，財政の硬直化が発生する。
3　プライマリーバランス
4　2013 年から日本銀行が質的・量的緩和政策を行い，大量の国債を市場から購入した結果，2015 年以降中央銀行（日銀）の保有割合が大きく増え 2020 年

には 40％を超えている。
5　イ　→　ウ　→　ア
6　特徴　合計所得が１億円を超えると所得税負担率が低下し始め，合計所得金額が増えるにつれ，低下傾向にある。
課題　金融所得の割合が大きい階層ほど，所得に占める税の割合が低下している。
解決策　金融所得に対する課税率を上昇させ，格差是正につなげる。
●歳入・歳出両面での財政健全化
1〔　日本の戦前の債務残高累増　〕
戦争遂行のため戦時国債を大量に発行
↓
1945 年〜 49 年に物価水準が 1930 年の 240 倍に上昇するハイパーインフレ
↓
国民の所得・資産の実質的な価値が一挙に失われたことで，はじめて解消された
〔　2009 年のギリシャ財政危機　〕
財政統計の不正発覚を契機に財政の持続性に対する懸念が高まり，金利が急上昇，債務の償還が困難に
↓
IMF と EU に，財政健全化策の実施を条件に支援を要請
↓
年金給付の大幅な削減と付加価値税率を 19％から 24％に引き上げ
CASE **1**・**2**　（観点）
・経済成長を促し，金利を上回る成長率の実現
　→そのために，教科書 p.125 のような観点があげられる（人的資本への投資，新興企業への支出など）
・社会保障費の抑制
　→所得の高い高齢者の負担増　など
Try！　省略

4 産業構造の変化と起業 p.102

振り返りチェック
1　ウ　**2**　中小企業の経営者が高齢化し，親族や従業員による事業承継もできず，後継者不足に陥っているため。
3　ベンチャー企業
●産業構造の変化と起業
CASE **1**
K（What I know）知っていること
交通空白地域を克服するために，地域住民が自ら所有する自家用車を使って他の住民や観光客を運ぶサービスを開始した。

W（What I want to know）知りたいこと　省略
L（What I learned）学んだこと　省略

CASE 2
・中小企業のもつ事業や技術が引き継がれる
・従業員の雇用の継続
・障がい者就労の場の実現
・新しい事業にチャレンジする機会が増える

CASE 3
積極的な面　低コスト化や既存技術の改良・応用
消極的な面　新規分野の開拓
スマートフォンの分野における日本と世界の違い…世界ではクラウドサービスが競われるなか，日本の企業は既製品のコスト削減や容量拡大に取り組んでいた。

Try! ①　省略
②　省略

5 食料の安定供給の確保と 持続可能な農業構造の実現 p.104

〔振り返りチェック〕
① ウ → ア → エ → イ
② 農家戸数の減少にともなって，耕作放棄地面積が増加している
③ 目的：民間企業の品種開発を促し，農業競争力を高めるため
懸念されている点：グローバル企業に種子が独占されることによる価格高騰や遺伝子組み換え作物の増加
④ 紛争，災害，気候変動，感染症などによって食料の輸入がとだえてしまうおそれもあるため。
⑤ 6次産業化
⑥ 1位 イ
1位の理由…農家の高齢化が人手不足の大きな原因であり，若者の新規就農によって，新たな事業展開も期待できるため。

●食料の安定供給の確保と持続可能な農業構造の実現
CASE 1
20年前　一般法人による農地取得は認められていなかった
現在　3000を超える一般法人が農業に参入している
20年後　農業に参入する一般法人がさらに増え，農業の担い手不足を補ったり，スマート農業をおこなうことで，安定供給への貢献が見込まれる
CASE 2　例 サラリーマン ペンション経営 飲食店経営
CASE 3　例 国土保全 水源かん養 良好な景観形成 文化の継承
Try! ①　省略
②　省略

6 多様な働き方・生き方を可能に する社会 p.106

〔振り返りチェック〕
① 正規社員・正規職員は50歳まで年齢の経過とともに賃金が上昇していくのに対し，その他の雇用形態の賃金はほぼ横ばいのまま推移している。
② ・1990年代後半から2015年頃まで，正規労働者は減少傾向にある。
・非正規労働者は増加傾向が続き，2022年には2101万人に達している。
・非正規労働者の約7割が女性である。
③ イ
④ 育児・介護休業法　イ　女性活躍推進法　エ
働き方改革関連法　ウ　男女雇用機会均等法　ア
⑤ なぜなら【理由】 女性を取り巻く状況を理解した上での労働環境の改善が行われ，男性への偏った労働環境の変化も起こるから（育休取得率の向上など）。
こうなる【結果】 男女ともにが働きやすい環境の整備が進む

●多様な働き方・生き方を可能にする社会
CASE 1 よい点　・自分の能力や時間を考えて職務を選べる
・同一労働同一賃金の原則が明確
よくない点　・雇用の保障が弱い
・社内教育は少ない
気になる点　・失業した時の保障
・企業への帰属意識や一体感の希薄化
CASE 2 よい点　・労働者が互いの職務を支え合うことで組織全体が強じんになる
・雇用保障が強い
よくない点　・勤務地の異動や転勤がある
・入社時に仕事内容が定まっていない
気になる点　・新卒一括採用が一般的で，閉鎖的
Try! あなたの考え　・最低賃金の上昇
・失業時，次の仕事につながるまでの所得補償や職業訓練の充実

7 少子高齢社会における社会保障の 充実・安定化 p.108

〔振り返りチェック〕
① エ　　② ウ　　③ 地域包括ケアシステム
④ 1．コロナ禍を克服するための医療・公衆衛生上の対策
2．コロナ禍で起きた不況を克服するための経済政策
3．飲食店など営業制限を課したサービス業その他に対する所得補償

●少子高齢社会における社会保障の充実・安定化

CASE❶ 選択肢以外で，重視したい要素

1位 ア

1位の内容を実現するために必要な人生設計…公的年金だけでなく，私的年金を活用する。また，健康が許す限り収入をともなう仕事を続ける。

CASE❷ 国民全員に最低限の所得保障を無条件におこなう制度。

問2 よい点 ・AIの普及で仕事が失われたり，感染症などによる休業・廃業を心配する必要が少なくなる

よくない点 ・財源が確保できない

・人々の働く意欲が損なわれる

・自己責任論の強化

気になる点 ・財源は確保できるのか

・人々の働く意欲が損なわれるのではないか

CASE❸ a エ b イ

第2部 グローバル化する国際社会の諸課題

第1章 現代の国際政治

1 国際政治の特質と国際法 p.110

①主権 ②ウェストファリア条約 ③主権国家
④ナショナリズム ⑤グロチウス ⑥条約
⑦（国際）慣習法 ⑧国際司法裁判所
⑨国際刑事裁判所 ⑩無主地の先占
⑪NGO（非政府組織）

正誤問題 1.○ 2.× 3.× 4.×

Work A 条約 B 国際慣習法 C 国家
D 国連 E 国際司法裁判所 F 国連
G 安全保障理事会

exercise 感染症に対して，WHOなどの国際組織が基金を創設し，対策が滞りがちな途上国へ支援することが必要である。また，途上国がワクチンに公平にアクセスできるような流通などの仕組みを構築するべきだと思う。

2 国際連合と国際協力 p.112

①勢力均衡政策 ②第一次世界大戦 ③国際連盟
④ウィルソン ⑤集団安全保障
⑥国際連合（国連） ⑦安全保障理事会（安保理）
⑧拒否権 ⑨平和維持活動 ⑩停戦監視団
⑪世界人権宣言 ⑫国連貿易開発会議
⑬国連開発計画 ⑭人間の安全保障 ⑮SDGs

正誤問題 1.○ 2.× 3.×

Work ① A ② C ③ B ④ D

exercise 安保理の常任理事国は米英仏ロ中の5か国だが，アフリカや南米諸国から選ばれないのは公平性に欠ける。常任理事国を増やし，各地域に応じた配分がされるべきではないか。

3 現代国際政治の動向 p.114

①冷戦 ②NATO ③WTO
④トルーマン・ドクトリン ⑤コミンフォルム
⑥マーシャル・プラン ⑦朝鮮戦争
⑧ベトナム戦争 ⑨キューバ危機
⑩デタント ⑪中ソ対立 ⑫多極化
⑬バンドン会議 ⑭INF全廃条約
⑮マルタ会談 ⑯ベルリンの壁 ⑰EU
⑱東南アジア諸国連合 ⑲同時多発テロ
⑳イラク戦争 ㉑一国二制度

正誤問題 1.× 2.○ 3.○ 4.×

Work 西側 ②，③ 東側 ①，④

exercise（観点）

・国際協力を基調とする構成で平和な国際社会の形成
　→国連安保理改革を行う（常任理事国に紛争当事者であるアフリカ・中東も加わる，拒否権の行使の見直しなど）
　→当事国同士が国際司法裁判所に付託し法に基づいて解決する
　→NPO，NGOなどによる教育支援を行う

4 核兵器と軍縮 p.116

①核抑止論 ②原水爆禁止運動
③パグウォッシュ会議 ④軍備管理
⑤キューバ危機 ⑥部分的核実験禁止条約
⑦核拡散防止条約 ⑧国連軍縮特別総会
⑨INF全廃条約 ⑩戦略兵器削減条約
⑪戦略攻撃兵器削減条約 ⑫新START
⑬包括的核実験禁止条約 ⑭核兵器禁止条約
⑮対人地雷全面禁止

Work ア 4 イ 1 ウ 5 エ 2
オ 高く

exercise 賛成…核兵器の使用による被害は1国にとどまらず，環境や経済において全人類的な被害をもたらすため，ただちに禁止すべきだ。

反対…大国の核の傘に守られている国や核兵器が抑止力になっている実情がある。また，軍縮においてはNPTの枠組みで行っていけばよい。

5 国際紛争と難民　p.118

①民族紛争　②破綻国家　③保護する責任
④難民　⑤難民条約
⑥国連難民高等弁務官事務所（UNHCR）
⑦ノン・ルフールマンの原則　⑧国内避難民
⑨アパルトヘイト　⑩自民族中心主義
⑪多文化主義　⑫マクマホン書簡
⑬パレスチナ解放機構　⑭インティファーダ
⑮オスロ合意

正誤問題　1．○　2．○　3．×　4．○

exercise　紛争によって荒廃した国土の再建のために，道路や空港などのインフラ整備や農業などの産業振興を図っていく。また，再度紛争に陥らないためにも警察力の強化や，教育など人づくり支援も行っていく。

6 国際政治と日本　p.120

①サンフランシスコ平和条約　②日米安全保障条約
③日ソ共同宣言　④国連　⑤アジア
⑥戦後補償　⑦日韓基本条約
⑧日中平和友好条約

exercise　唯一の被爆国として，国際社会の場で核廃絶を訴えていくことが重要である。また，JICAなどによって，日本の技術者を途上国に派遣し，日本のもつ技術などを伝え，途上国の自発的発展を促すことも重要である。

章末問題　第2編第1章　現代の国際政治　p.121

Check✔重要用語
①主権国家　②（国際）慣習法
③国際刑事裁判所　④勢力均衡政策
⑤集団安全保障　⑥集団的自衛権
⑦「平和のための結集」決議
⑧平和維持活動（PKO）　⑨NATO　⑩朝鮮半島
⑪キューバ危機　⑫バンドン会議
⑬マルタ会談　⑭APEC　⑮パグウォッシュ会議
⑯包括的核実験禁止条約　⑰核兵器禁止条約
⑱国連難民高等弁務官事務所
⑲ノン・ルフールマンの原則　⑳第三国定住
㉑日ソ共同宣言　㉒日中平和友好条約

演習問題
1 ④　　2 ③　　3 ①
4 ア ①　　イ ④

第2章　現代の国際経済

1 商品・資本の流れと国際収支　p.124

①保護貿易　②自由貿易　③リカード
④比較生産費説　⑤特化　⑥リスト
⑦垂直貿易　⑧水平貿易　⑨企業内貿易
⑩国際収支　⑪経常収支　⑫金融収支
⑬外国為替手形　⑭変動為替相場制　⑮円高
⑯円安

正誤問題　1．○　2．×　3．×　4．×

Work　ア 上昇　イ 輸出　ウ 空洞化
エ 物価　オ 輸出　カ 国内

exercise　1997年，タイ通貨のバーツがヘッジファンドによる投機的な売買対象となり暴落し，アジア全域に通貨危機が波及した。

2 国際経済体制の変化①　p.126

①ブロック経済　②マーシャル・プラン
③ブレトンウッズ協定　④IMF
⑤国際復興開発銀行　⑥GATT
⑦IMF・GATT体制　⑧基軸通貨
⑨固定為替相場制　⑩無差別
⑪最恵国待遇　⑫多角的貿易交渉
⑬ニクソンショック　⑭スミソニアン協定
⑮変動為替相場制　⑯SDR
⑰キングストン体制

正誤問題　1．○　2．×

Work　ニクソンショック　イ　プラザ合意　エ
WTO発足　ウ　ドーハラウンド開始　ア
世界金融危機　オ

2 国際経済体制の変化②　p.128

①南北問題　②モノカルチャー経済
③UNCTAD　④プレビッシュ報告
⑤一般特恵関税　⑥OPEC
⑦資源ナショナリズム　⑧NIEO（新国際経済秩序）
⑨南南問題　⑩NIEs　⑪輸出志向工業化政策
⑫累積債務問題　⑬デフォルト
⑭リスケジューリング　⑮主要国首脳会議
⑯プラザ合意　⑰ウルグアイラウンド
⑱世界貿易機関

exercise　メリット…資源が効率的に配分され，生産量が増える。よって，消費者はより安く財を手に入れることができる。
デメリット…安価な他国の商品が入ってくることで，

自国の産業が衰退し，失業者なども増加するおそれがある。

3　グローバル化と世界金融　p.130

①グローバリゼーション　②多国籍企業
③デリバティブ　④投資ファンド
⑤バブル経済　⑥ヘッジファンド
⑦タックス・ヘイブン　⑧通貨危機
⑨アジア通貨危機　⑩サブプライムローン
⑪リーマン・ショック　⑫トービン税
⑬プラットフォーマー

正誤問題　1．×　2．○
Check!資料読解　ア　A　イ　B
exercise　格差の背景には，経済はグローバル化しても政治的な決定は一国単位で行われるということがある。市場のルールや公的な規制を国際的に標準化し，グローバルな課題に対して国際的に共同対処することが求められる。

4　地域経済統合と新興国の台頭①　p.132

① FTA　② EPA　③ NAFTA　④ USMCA
⑤メルコスール　⑥ ASEAN　⑦ APEC
⑧ RCEP　⑨ TPP　⑩ ECSC
⑪ EC（欧州共同体）　⑫マーストリヒト条約
⑬ EU（欧州連合）　⑭ユーロ　⑮ギリシア
⑯イギリス

正誤問題　1．×　2．×
Work　①　イ　②　ウ　③　エ　④　キ
⑤　ア　⑥　カ　⑦　オ
exercise　長所…加盟国どうしの関税を撤廃することによって，域内の貿易が活性化され，経済発展が促された。
短所…ユーロ危機に見られたように，一国の財政赤字問題が他の加盟国に波及し，ユーロに対する信認が揺らいだ。

4　地域経済統合と新興国の台頭②　p.134

①改革・開放政策　②社会主義市場経済
③世界の工場　④世界の市場　⑤一帯一路
⑥アジアインフラ投資銀行　⑦人民元
⑧一国二制度　⑨ BRICS　⑩天然ガス
⑪ウクライナ　⑫オフショアリング
⑬ドイモイ

正誤問題　1．×　2．○　3．×　4．○
exercise　中国…改革・開放政策により外国資本が

導入され，「世界の工場」の役割を担い，輸出競争力が向上した。しかし，それに伴い，様々な格差が拡大している。また，大気汚染をはじめとする環境問題への対応も課題となっている。
インド…IT産業の育成に注力した結果，海外で成功した技術者たちが帰国後，外国企業からソフトウェア開発などを受注するビジネスを発展させた。一方，1日1.9ドル以下で生活する人々も多く，深刻な貧困も継続している。

5　地球環境とエネルギー　p.136

①国連人間環境会議　②持続可能な発展
③国連環境開発会議　④ MDGs　⑤ SDGs
⑥モントリオール議定書　⑦京都議定書
⑧名古屋議定書　⑨パリ協定
⑩再生可能エネルギー　⑪固定価格買取制度

Check!資料読解　①　③　②　②
exercise　省略

6　経済協力と人間開発の課題　p.138

①絶対的貧困層　②累積債務
③政府開発援助（ODA）　④ OECD　⑤ DAC
⑥ MDGs　⑦ SDGs　⑧ UNDP
⑨人間開発指数（HDI）　⑩円借款
⑪インフラストラクチャー　⑫開発協力大綱
⑬ NGO（非政府組織）　⑭フェアトレード
⑮ソーシャル・ビジネス　⑯マイクロクレジット
⑰ BOP市場

正誤問題　1．×　2．×　3．○
4．○
Check!資料読解　ア　0.7　イ　0.34
exercise　貧困削減には，途上国の持続的な経済発展が必要である。そのために，途上国の自立を支援するようなシステムの構築が重要である。ODAやソーシャルビジネスなど，政府や企業など各層の支援が必要ではないだろうか。

章末問題　第2編第2章　現代の国際経済　p.140

Check✓重要用語
①リカード　②リスト　③経常収支
④円高・ドル安　⑤ IMF，国際復興開発銀行
⑥金・ドル交換の停止　⑦モノカルチャー経済
⑧ WTO　⑨多国籍企業　⑩サブプライムローン
⑪トービン税　⑫ EPA（経済連携協定）
⑬ ECSC（欧州石炭鉄鋼共同体）

⑭社会主義市場経済　　⑮一帯一路構想
⑯BRICS　　⑰BRICS開発銀行
⑱モントリオール議定書　⑲京都議定書
⑳パリ協定　　㉑固定価格買取制度　　㉒ＯＤＡ大綱
㉓フェアトレード

演習問題
① ①　② ①　③ ③　④ ③　⑤ ①

第3章　国際社会の諸課題の探究

1 紛争の解決に向けた国際社会の取り組み
p.144

振り返りチェック

① エ，オ　② ア．③　イ．②，⑤
ウ．④　エ．①
③ ウ

●紛争の解決に向けた国際社会の取り組み
Try!　ア 1970　イ 40　ウ 同時多発テロ
エ タリバン　オ アメリカ
CASE1　日本政府主導の取り組み　第1回アフガニスタン復興支援会議を東京で開催。
新国家建設に向けて67億ドル（約7400億円）を援助。（道路や空港などのインフラ整備，農業支援，警察の能力強化，教育や保健分野での人づくり支援，文化的支援）
「アフガニスタン及び周辺国の人道支援のための緊急無償資金協力」
日本政府は，深刻な人道危機に直面するアフガニスタン，周辺国のパキスタン，イラン，タジキスタンに対する支援として，国連難民高等弁務官事務所（UNHCR）への810万米ドルの緊急無償資金協力の実施
アフガニスタンへの支援内容
シェルターキットの配布，精神保健・心理社会的支援，保護モニタリング
CASE2　ペシャワール会の活動の特徴
人々の命を救うために，水と食糧の重要性に着目し，現地の人々と協力して井戸，用水路の建設を進めている。
紛争の解決のために市民やNGOができる取り組みとは？
紛争当事国の現地の人々の生活基盤の立て直しに必要なニーズを把握し，現地の人々とともに課題の解決に向けてはたらきかける取り組みの継続が求められる。

2 グローバル化にともなう人々の生活や社会の変容
p.146

振り返りチェック

① イ，ウ
② メリット…貿易，投資，金融取引を飛躍的に活発化させ，各国経済を結びつけることで，経済成長の可能性をもたらした。
デメリット…生産拠点の海外移転にともなう，雇用喪失や非正規雇用の増加をもたらし，中間層の没落や格差や不平等を拡大させた。
③ 日本の合計特殊出生率は，人口の維持に必要な2.07を大きく下回る1.5以下で推移しており，人口減少社会へと移行している。また，生産年齢人口も減少しており，労働力不足が深刻となる。
④ 技能実習制度
⑤ 時間外就労，低賃金，ハラスメントなどの人権問題。不法就労者の増加。外国人労働者の暮らしを支える公的機関，教育，医療，福祉などの整備が必要とされている。
⑥ A イ　B ア　C ウ
●グローバル化にともなう人々の生活や社会の変容
CASE1

	ドイツ	フランス
移民を受け入れることになった要因や背景	労働力不足を補うため，トルコなどから外国人労働者を受け入れてきた。	独立したアフリカの旧植民地や旧保護国から移民が入ってきていた。
移民の子どもへの対応	ドイツで生まれた子どもにはドイツ国籍を与える。	フランス生まれの外国人の子どもに自動的に国籍を与えてきた。
移民受け入れのための施策や課題	教育格差を埋めるための施策や文化的統合のための取り組み。	高い失業率，不安定な雇用，出自や社会的背景を理由とする差別。
その他の特徴など	国籍の別を問わず，生活保護を受けられる。	移民二世以降になると，教育水準も全体の平均と差はない。

Try!　① 省略
② 省略

3 イノベーションと成長市場
p.148

振り返りチェック

① ア GAFA　イ プラットフォーム　ウ 独占

② ア　仮想通貨（暗号資産）　　イ　AI
ウ　キャッシュレス
③　AI や IoT，ロボットの普及が労働力の代替や生産性の向上を可能とし，商品，金融取引，医療，介護，エネルギーや交通の最適制御などの産業や生活の場面で用いられている。
（例）ファミリーレストランでロボットに調理された料理を乗せて，配膳することで，少ない人数で業務を回すことができる。
●イノベーションと成長市場
CASE❶　よい点　AI や IoT，ロボット，ビッグデータを駆使し，エネルギー，環境，交通，教育，医療，安全，商業施設などの都市インフラを効率的に運営できる。
　個人の位置情報や診察履歴を通じて感染症のリスク管理が可能となる。
よくない点　都市の人々のあらゆる動きがデータとして収集，監視され，これらのデータが外部に漏れたり，悪用されたりする懸念がある。
気になる点　スマートシティと情報保護の両立が課題。
　国家や企業による個人の監視が行われることに対するルールづくりが課題。
Try！　① 省略
② 都市や経済成長のあり方
例）都市と地方の様々な格差が小さくなる
理由・根拠
①リモートワークが普及
②地方に暮らしても先進医療を受けられる
③最先端の研究開発や学習がどこでも可能
④情報や商品，サービスの提供による収益の向上

4 地球環境と資源・エネルギー問題 p.150

①

京都議定書		パリ協定
日欧など一部の先進国	対象国地域	世界 196 か国・地域
先進国全体で1990 年比 5.2% の温室効果ガスの排出削減義務	削減目標	気温上昇を2 度未満に
あり	目標達成義務	なし
排出量取引など	削減方法	先進国が途上国に援助

②　・2000 年以降，原子力の比率が低下している。
・先進国では石炭，石油，原子力の発電に占める比率

は低下している。
・石炭や石油に変わって，天然ガスの使用が増加傾向にある。
・イギリスやドイツに比べて，他の先進国は発電電力量の電源構成における再生可能エネルギーの割合がまだ低い。
③　よい点　・エネルギー源として永続的に利用できる。
・利用にあたって，温室効果ガスを実質的に排出しない。
よくない点　・発電コストが他の発電方法に比べて高い。
・発電量が安定しない。
気になる点　・固定価格買取制度（FIT）によって，再生可能エネルギーの普及が促進される。
●地球環境と資源・エネルギー問題
Try！　①　経済成長とともに国民の「所得水準」が一定の水準に達すると，「環境汚染」が減少していく。
②　途上国の経済成長過程で取り組むこと
・経済発展の初期段階で，再生可能エネルギーの普及を進める。
・環境保全に必要なコストを負担する社会システムを確立する。
上記の実現のために必要な国際協力
・先進国の環境負荷の少ない発電技術に関する技術協力や経済インフラ整備に対する資金援助
③　日本やスウェーデンの経済成長と二酸化炭素排出量の関係について，気がつくこと
・GDP が増加しても，二酸化炭素の排出量が増加していない。（二酸化炭素の排出量を減らしながら，経済成長を実現している。）
・日本とスウェーデンには，二酸化炭素の排出量を削減する取組に差があり，スウェーデンの方が環境と調和した経済成長を実現している。
その理由や要因
・再生可能エネルギーの普及
・日本はスウェーデンに比べて石炭や石油などの化石燃料による発電に依存している。
・環境保全へのインセンティブを与えることでデカップリングを達成。
④　（例）・「Environmental（環境）」「Social（社会）」「Governance（企業統治）」に対する企業の取り組みを重視して投資する「ESG 投資」を普及させる。環境問題に前向きな企業が評価され，社会全体の持続可能性（サステイナビリティ）が高まることが期待される。

5 国際経済格差の是正と国際協力 p.152

振り返りチェック

① 人間の豊かさの基本的側面である，寿命，知識，生活水準をはかる指標。
平均寿命，平均就学年数，予測就学年数，1人あたりの GDP をもとに，国ごとに算出している。

② ・日本は世界有数の ODA 供与国であるが，日本の ODA 実績額は，国連が目標として掲げている対GNI 比 0.7％を下回る，0.31％にとどまっている。
・日本の ODA はアジア諸国が中心で，円借款の比率が高い。
・ODA 大綱を通じて，生活関連分野への援助が重視されてきている。
・青年海外協力隊を通じた，顔の見える技術協力などが充実されている。

③ NGO の取組の事例　・先進国の NGO が現地の生産者と提携して事業を進めているフェアトレードによる支援。
企業によるソーシャル・ビジネスの事例
・バングラデシュのグラミン銀行によるマイクロクレジット。途上国で企業と雇用の拡大に貢献している。
・企業が BOP 市場として，貧困層の生活用品の市場を重視した経済活動を展開し，貧困層の生活改善に貢献することが期待される。

④ ・モノカルチャー経済（特定の1次産品の生産と輸出に依存している脆弱な経済）
・コンゴ紛争を抱える中央アフリカなど，地域紛争が絶えない状況で，発展が遅れている。
・エイズやマラリアなどの感染症の影響。

●国際経済格差の是正と国際協力

Try! ① よい点　・海外の研修員を受け入れ，日本の技術や技能を学ぶ，技術協力を進めている。
・日本の民間企業や行政の専門家を途上国に派遣し，技術や経営のノウハウを伝えている。
よくない点　・受け入れ国の能力をこえた数のプロジェクトが進行。
・先進国のほとんどが財政危機にあり，途上国支援の余力が低下している。
気になる点　・国際的なスケールで所得再分配を進める国際的な経済・政治のシステムを構築する。
・民間資金フローが増えていて，貿易や投資の貢献が大きくなっている。

② よい点　・対人地雷除去装置を開発して世界の紛争地に投入し，紛争後の復興に協力している。
よくない点　・企業の本業が不振になった場合，CSR活動が縮小されて，企業による国際協力が低調になってしまう場合が考えられる。

気になる点　・アフリカで安価な石けんと手洗い習慣の普及に尽力するなど，本業そのものを途上国支援に直結させる取り組み。

③ よい点　・NPO は政府や民間企業の手の届かない領域で活動し，貧困の根絶や紛争や自然災害の被害者への支援活動を行っている。
よくない点　・政府や地方自治体からの補助金や市民からの寄付金を財源としているが，活動費のすべてをまかなうことは難しい。活動資金の調達に苦労するNPO が多い。
気になる点　・NPO の活動を支援する資金を社会全体でどのように確保するのか。

④ 省略

6 持続可能な国際社会づくり p.154

振り返りチェック

① 「公害」のように，自然環境が破壊されるだけでなく，私たち自身の生命と健康が損なわれることが起きる。
環境が破壊されることで，経済活動の基盤も失われ，自然災害の被害が大きくなるなど，日常の生活や経済活動の維持にも困難をきたす。

② 1　貧困をなくそう　　2　飢餓をゼロに
3　すべての人に健康と福祉を
4　質の高い教育をみんなに
5　ジェンダー平等を実現しよう
6　安全な水とトイレを世界中に
7　エネルギーをみんなにそしてクリーンに
8　働きがいも経済成長も
9　産業と技術革新の基盤をつくろう
10　人や国の不平等をなくそう
11　住み続けられるまちづくりを
12　つくる責任つかう責任
13　気候変動に具体的な対策を
14　海の豊かさを守ろう
15　陸の豊かさも守ろう
16　平和と公正をすべての人に
17　パートナーシップで目標を達成しよう

Try! ①
図①から読み取れる問題点
アフリカや東南アジアの開発途上国のワクチン接種が遅れている
要因①
ワクチンや新薬などの特許料が高額になると，途上国の貧しい人は入手できなくなるという，先進国と途上国の経済格差の問題が表面化した。
要因②

・植民地支配に起因する経済構造（モノカルチャー）。

・垂直的な貿易関係による経済的な利益の不均衡。

・食料，医療，教育の格差が途上国社会の発展に影響

2 新型コロナウイルスワクチンの接種時期の予定について，世界の状況を概観すると，先進各国では2021年末までに接種時期を迎える見通しを立てていたが，アフリカ諸国や中南米や東南アジアの発展途上国では，2023年以降という見通しとなっており，接種時期に大きな隔たりがある。「すべての人に健康と福祉を」という公平・公正の観点から，南北の医療格差を是正するために，医療分野において途上国に対して知的所有権の保護に関して柔軟な扱いが求められる。

3 選んだSDGsの目標：1 貧困をなくそう

行動や活動の例

フェアトレード認証のラベルのついた商品を購入する。

食料や医療援助のための募金活動に参加する。

4 SDGsの取り組みでは解消が困難と考えられる社会的な課題

（例） シルバー民主主義，ポピュリズムの台頭など，社会を構成している人々の多数派による選択・判断が社会課題の解決につながるのかという問題

SDGsの取り組み以外の解決方法

所属する組織・団体の枠や一国内の枠を超えて，人々が連帯し世論に働きかけるような動きが形成されることが期待される。例えば，インターネット上の仮想空間における人々の交流や新たな関係の構築といったグローバル化の新たな展開が，国家の枠組みや既存の国際関係の枠組みを超えた価値観の共有や創造につながり，地球規模の問題解決に寄与する可能性がある。

課題解決後の期待される姿

民主主義の質的な転換や発展，現在の国際社会において行き詰まっている様々な対立を越えて，多様な個人の意思が社会的な合意形成や地球規模の問題解決に必要な判断や決定に反映される。

5 住み続けられるまちづくりの達成には，持続可能な地域社会の実現が必要であり，そのためには地域への若い世代の人口移動を促すことが求められる。

近年，気候変動に伴う自然災害のリスクが高まっており，地域における避難所の開設や運営といった防災体制の整備が迫られている。そのためには，地域コミュニティに若い世代がいて，地域の活動に参加し，協力し合う関係性が形成される必要があるが，若い世代をどのように地域に呼び込むかが課題となる。そのような課題に対する取り組みとして，例えば地域の産業の振興とそのための税制改革や，企業を誘致する活動を進めることが考えられる。加えて，地方に暮らしなが

ら都市部の企業の業務に従事するリモートワークの積極的な普及や，自然あふれる地域での暮らしの魅力を紹介するイベントの企画・開催等の取り組みもあげられる。近年は，旅行をしながら，現地の産業の手伝いをして報酬を得たり，地域の人々と交流したりする「おてつたび」といった取り組みもおこなわれている。

これらの取り組みを通じて，地方に若い世代が流入することで，世代をこえたつながりや多様な人々の交流がうまれ，防災体制の構築だけでなく，経済や文化などの活性化も期待できる。住み続けられるまちをつくっていくためには，若い世代が居住して活躍できるような地域社会となっていくことが求められ，そのために若い世代の流入を促すような取り組みや対策が必要である。